Andrea Buchspieß, Johanna Kommer

# Neuseeland – Reisen und Jobben mit dem Working Holiday Visum

003hs Abb. ar

„Nicht weil es unerreichbar ist,
wagen wir es nicht,
sondern weil wir es nicht wagen,
ist es unerreichbar."
*Seneca*

# Impressum

Andrea Buchspieß, Johanna Kommer
**REISE KNOW-HOW Neuseeland – Reisen und Jobben mit dem Working Holiday Visum**
erschienen im
REISE KNOW-HOW Verlag Peter Rump GmbH,
Osnabrücker Straße 79,
33649 Bielefeld

Herausgeber: Klaus Werner

© REISE KNOW-HOW Verlag Peter Rump GmbH
2006, 2007, 2008, 2011, 2013, 2014
**7., neu bearbeitete, aktualisierte
Auflage 2016**
Alle Rechte vorbehalten.

## Gestaltung
Umschlag: G. Pawlak, P. Rump (Layout),
K. Werner (Realisierung)
Inhalt: G. Pawlak (Layout),
amundo media GmbH (Realisierung)
Fotonachweis: siehe S. 179
Karten: der Verlag, amundo media GmbH

## Lektorat
amundo media GmbH

## Druck und Bindung
Media-Print, Paderborn

**ISBN 978-3-8317-2741-4**
Printed in Germany

Dieses Buch ist erhältlich in jeder Buchhandlung Deutschlands, Österreichs, der Schweiz, Belgiens und der Niederlande.
Bitte informieren Sie Ihren Buchhändler über folgende Bezugsadressen:
**Deutschland**
Prolit GmbH, Postfach 9,
D-35461 Fernwald (Annerod)
sowie alle Barsortimente
**Schweiz**
AVA Verlagsauslieferung AG,
Postfach 27, CH-8910 Affoltern
**Österreich**
Mohr Morawa Buchvertrieb GmbH,
Sulzengasse 2, A-1230 Wien
**Niederlande, Belgien**
Willems Adventure
www.willemsadventure.nl

Wer im Buchhandel trotzdem kein Glück hat, bekommt unsere Bücher auch über unseren
**Büchershop im Internet:
www.reise-know-how.de**

Andrea Buchspieß
Johanna Kommer

# Neuseeland –
# Reisen und Jobben
## mit dem Working Holiday Visum

## Vorwort

Neuseeland ist genau auf der anderen Seite der Erde. Der direkteste Weg dorthin wäre, ein Loch zu graben, so tief, bis man in Wellington wieder das Tageslicht erblicken würde oder in Auckland oder, wenn man noch ein Stückchen tiefer graben würde, vielleicht sogar auf dem Mt. Cook. Nimmt man aber den Weg um die Erdkugel herum, so unternimmt man eine halbe Weltreise und alle Leute, die weiter reisen als bis nach Neuseeland, befinden sich schon wieder auf dem Heimweg. Aotearoa – das Land der langen weißen Wolke –, wie die Maori, die Ureinwohner, es nennen, ist bekannt für viele Dinge wie z.B. Kiwis, Bungeejumping, Hobbits und ganz Mittelerde. Das Land wurde durch die Filmtrilogie „Der Herr der Ringe" in das Rampenlicht der Welt gerückt und die Filme machten Neuseeland vor allem für eins berühmt: die Landschaft. In Neuseeland kann man noch atemberaubende Natur finden, die von Menschen scheinbar unberührt geblieben ist. Ein Land so klein und übersichtlich mit dem vollen Spektrum an allem, was sich ein Reisender wünschen kann. Die Vielfalt ist enorm, für jeden ist garantiert etwas dabei und das ist kein Zufall, denn die

Neuseeländer versuchen, es ihren Gästen so recht wie möglich zu machen. Durch ihre Offenheit, Freundlichkeit und Kompetenz gegenüber Touristen haben sie das Land zu einem leicht bereisbaren Ziel gemacht und es trotzdem geschafft, die Originalität Neuseelands zu erhalten. Um in diese einmalige Atmosphäre eintauchen zu können, sollte man am besten einige Monate Zeit mitbringen.

Wer hat nicht schon mal über ein Sabbatical, eine längere Auszeit vom Berufsleben, nachgedacht? Oder mit ein paar aufregenden Abenteuern vor dem Beginn eines neuen Lebensabschnittes, wie z.B. dem Studium oder dem ersten Job, geliebäugelt? Dieses Praxis-Handbuch soll Mut machen, den Ausstieg zu wagen, um Neuseeland intensiv erleben zu können.

Neben vielen Tipps zur Reiseplanung und -vorbereitung gibt es Hinweise für einen erfolgreichen Reisestart und einen ersten Vorgeschmack auf das Leben eines Backpackers/eines Individualreisenden in Neuseeland. In dieses Buch sind viele persönliche Erfahrungen von Backpackern eingeflossen, um praxiserprobte Tipps geben zu können. Sei es nun für Leute, die drei Monate intensiv reisen wollen und dafür mit ihrem Arbeitgeber ein Langzeitkonto aushandeln oder jene, die ein ganzes Jahr in Neuseeland leben und auch arbeiten möchten. Natürlich steckt jeder in einer etwas anderen Situation und muss sich individuell vorbereiten. Dieses Buch wird daher nicht auf alle Fragen eine Antwort geben können. Dafür aber Denkanstöße: Was ist zu beachten? Woran muss ich alles denken? An wen kann ich mich wenden? Wo erhalte ich weitere Informationen?

Derartig vorbereitet, sollte der Entscheidung für eine Auszeit in Neuseeland und für eine ganz besondere Erfahrung nichts mehr im Wege stehen.

Andrea Buchspieß und Johanna Kommer

## Danksagung

Ganz besonders bedanken möchten wir uns für die Bereitstellung von Fotomaterial bei Corina und Thomas Weise, Meike Guenther, Manuela Giske, Alexandra Albert, André de Vries, Anja Reitzner und Robert Müller.

**Hinweise zur Benutzung**

*Bei Preisangaben im Text steht das Währungszeichen $ für Neuseeländische Dollar. Der Wert eines Neuseeländischen Dollars entspricht zum Redaktionsschluss (Ende 2015) ungefähr 0,59 Euro bzw. 0,64 Schweizer Franken. Den tagesaktuellen Wechselkurs kann man z. B. bei www.oanda.com über den Währungsrechner abrufen.*

# Vor-
# überlegungen

◁ Blick vom Mt. Eden auf Auckland
(103ns Abb.: fo, © nzgmw - Fotolia.com)

# Entscheidungsfindung: Soll ich wirklich?

Wer will nicht gern mal für eine Weile **aussteigen?** Einfach in die Welt reisen, neue Erfahrungen sammeln und fernab vom Alltagsstress die Seele baumeln lassen. Gerade wenn man schon im Berufsleben steht, ist ein Ausstieg auf Zeit jedoch mit großen Fragezeichen und Unsicherheiten verbunden. Auf der einen Seite möchte man sich einen Traum erfüllen, auf der anderen Seite steht die Absicherung im sozialen Netz und die Lebens- und Karriereplanung. Viele Fragen und das Nachdenken über mögliche Konsequenzen machen die Entscheidung nicht leicht, bedeuten aber gleichzeitig auch eine gute Vorbereitung. Wer rechtzeitig und in aller Ruhe Zweifel ausräumt und Vorsorgemaßnahmen trifft, wird später keine bösen Überraschungen erleben.

### Entscheidungshilfen

- Mit Gleichgesinnten im Freundeskreis, in Internetforen und bei Informationsveranstaltungen sprechen.
- Den Kontakt zu Leuten suchen, die einen solchen Schritt schon gewagt haben, ihre Erfahrungen weitergeben und Mut machen können.
- Reiseführer lesen, Bildbände, Videos und Fernsehdokumentationen anschauen und träumen. All das könnte man bald mit eigenen Augen sehen.
- Ziele konkret aufschreiben – so sieht man klarer.
- Gibt es wirklich wichtige Gründe, die gegen einen Ausstieg sprechen? Können diese Gründe beseitigt werden? Wäre ein späterer Zeitpunkt tatsächlich besser?
- Alle Gründe aufschreiben, die dafür sprechen! Und vor allem immer daran denken, was einem gut tut.
- Wer will sich später sagen müssen: Hätte ich nur …?

Und weg mit dem Vorurteil, dass Leute, die ein **Sabbatical** (s. S. 23) nehmen, faul und arbeitsscheu sind. Wenn man solche Kommentare heutzutage noch hören sollte, dann spricht daraus wohl eher ein bisschen Neid. Wichtig ist, dass man die Auszeit vor sich selbst rechtfertigen kann. Steht man ohne Wenn und Aber hinter der eigenen Entscheidung, lässt sich auch viel besser gegenüber dem Arbeitgeber oder der Familie argumentieren. Schließlich beweist man mit einer solchen Auszeit Mut zu Neuem – anderen und vor allem sich selbst gegenüber. Und das ist besser als ein lückenloser Lebenslauf. Wenn man sich nach der Rückkehr geschickt verkauft, kann der Neuseelandaufenthalt durch die gemachten Erfahrungen und die getankte Energie sogar Pluspunkte bei der Bewerbung und beim Wiedereinstieg bringen.

## Wann ist der richtige Zeitpunkt?

Viele wählen das Ende eines Lebens- oder Ausbildungsabschnittes als Zeitpunkt für eine Auszeit. Durch das Ende von Schule, Ausbildung, Studium oder den auslaufenden Mietvertrag bieten sich gute Gelegenheiten, einen längeren **Auslandsaufenthalt** einzuschieben. Wer in einem Arbeitsverhältnis steht, sollte sich daran orientieren, wann einen der Arbeitgeber am ehesten entbehren kann. Wichtig ist das vor allem, wenn man wieder in derselben Firma anfangen oder eine Urlaubsregelung vereinbaren will. Dann muss man eventuell bei der Dauer der Auszeit Kompromisse eingehen. Ist eine Entscheidung über den Beginn und die Dauer der Reise gefallen, lohnt sich bei der Planung der konkreten Reiseroute ein Blick auf die Klimabedingungen in Neuseeland, um gute Reisebedingungen und angenehme Temperaturen vorzufinden (s. S. 67).

**Wichtige Adressen**

*Da sich Einreisebedingungen kurzfristig ändern können, sollte man sich bei folgenden Stellen aktuell informieren:*

*Neuseeländische Botschaft in Deutschland, 10117 Berlin, Friedrichstraße 60, Tel. 030 206210, nzembber@infoem.org, www.nzembassy.com/germany*

*Neuseeländische Botschaft in Österreich, 1040 Wien, Mattiellistraße 2-4/3, Tel. 01 5053021, nzemb@aon.at, www.nzembassy.com/austria*

*Neuseeländisches Generalkonsulat in der Schweiz, 2 Chemin des Fins, 1218 Grand-Saconnex, Geneva, Tel. 022 9290350, mission.nz@bluewin.ch, www.nzembassy.com/switzerland*

*Visa Application Centre Hamburg, 20355 Hamburg, Fleethof, Stadthausbrücke 1-3, Tel. 040 87408255, ttsgermanynz@ttsvisas.com, www.ttsnzvisa.com*

*Visa Application Centre London, UK, London, SW1H 0QY, Burwood House, 14-16 Caxton Street, Tel. +44 203 5827499, ttslondonnz@ttsvisas.com, www.ttsnzvisa.com*

## Welches Visum?

Für einen Aufenthalt in Neuseeland benötigt man auf jeden Fall einen gültigen Reisepass und bei einem Aufenthalt von mehr als drei Monaten auch ein Visum. Es gibt verschiedene Optionen, die sich nach der geplanten **Dauer** der Reise und dem **Aufenthaltszweck** richten (Stand der Einreise- und Visabestimmungen Ende 2015). Auf den links im Kasten genannten Websites findet man wichtige Informationen rund ums Thema Visum, die Plattform zum Beantragen der Visa, Formulare und Informationsblätter zum Downloaden, eine Gebührenliste sowie Antworten auf häufig gestellte Fragen.

### Visitor Visa

Wer als **Tourist** nach Neuseeland reisen, Freunde oder Verwandte besuchen oder ein kurzzeitiges Studium (z.B. Sprachschule) betreiben will, braucht für einen Aufenthalt von bis zu 3 Monaten kein Visum. Folgende Bedingungen müssen aber erfüllt sein: Nachweis eines Rückreise- oder Weiterflugtickets und ausreichender Geldmittel (1000 $ pro Monat in Neuseeland) und der Reisepass muss 3 Monate länger gültig sein als das geplante Rückreisedatum.

Wer länger als drei Monate bleiben möchte, muss ein **Besuchervisum** beantragen. Höchstaufenthalt sind 9 Monate innerhalb einer 18-monatigen Frist. Man kann in Neuseeland drei weitere Monate, bis zu einem 12-monatigen Aufenthalt, beantragen. Dann muss man allerdings 12 Monate warten, bis man wieder eine Einreisegenehmigung beantragen kann. Das Besuchervisum wird online auf der Website von Immigration New Zealand oder bei einem **New Zealand Visa Application Centre** beantragt. Das nötige Formular (INZ 1017) kann auf der Website der neuseeländischen Botschaft bzw. der Immigrationsbehörde (s. S. 16) heruntergeladen werden. Deutsche Staatsbürger schicken ihre Unterlagen an das Centre in Hamburg, Österreicher und Schweizer an das Centre in London. Es ist auch möglich, die Unterlagen dort persönlich abzugeben und abzuholen (Adressen s. Kasten links). Für die **Antragstellung** wird Folgendes benötigt: der Reisepass, das ausgefüllte Formular 1017, der Nachweis über ausreichende Geldmittel und ein Rück- bzw. Weiterreiseticket, zwei Passbilder, die Checkliste und eine Kreditkartenautorisierung, die beide auf der Website der Application Centres heruntergeladen werden können. Für das Besuchervisum für deutsche Staatsbürger wird eine Gebühr von ca. 105 € erhoben, Schweizer zahlen ca. 85 £, für Österreicher ist das Visum kostenlos, wenn der Antrag außerhalb von Neuseeland gestellt wird, allerdings wird jeweils noch eine Servicegebühr fällig. Die Bearbeitungszeit beträgt ca. 4 Wochen.

Mit diesen Visa darf man nicht arbeiten – auch nicht als Au-Pair. Eine Beschäftigung ohne Bezahlung, aber für Kost und Logis wie beispielsweise beim Volunteering oder Wwoofing (s. S. 119) erachtet die Immigrationsbehörde auch als Arbeit. Deshalb braucht man für alle diese Tätigkeiten ein Working Holiday Visum (WHV).

### Working Holiday Visa

Sehr begehrt sind die Working Holiday Visa (WHV), die einen Aufenthalt von bis zu einem Jahr und das **Arbeiten** in Neuseeland sowie die Teilnahme an einem Hochschul- oder Bildungskurs, der weniger als drei Monate dauert, erlauben. Folgende Länder haben ein solches Abkommen mit Neuseeland geschlossen: Argentinien, Belgien, Brasilien, Chile, China und Hongkong, Dänemark, Deutschland, Estland, Finnland, Frankreich, Irland, Israel, Italien, Japan, Kanada, Kroatien, Lettland, Malaysia, Malta, Mexiko, die Niederlande, Norwegen, Österreich, Peru, die Philippinen, Polen, Schweden, die Slowakei, Slowenien, Spanien, Südkorea, Taiwan, Thailand, die Tschechische Republik, die Türkei, UK,

**Bedingungen für die Erteilung eines WHV**

*Der Antragsteller*

- ◼ *muss deutscher Staatsbürger sein.*
- ◼ *muss einen gültigen deutschen Reisepass haben, der am Tag der Beantragung noch mindestens folgende Gültigkeit hat: Ankunftsdatum in Neuseeland + 12 Monate Aufenthalt in Neuseeland + 3 Monate.*
- ◼ *muss mindestens 18 und darf höchstens 30 Jahre alt sein (Bewerbung spätestens einen Tag vor dem 31. Geburtstag).*
- ◼ *muss den Hauptgrund des Aufenthaltes im Reisen sehen und nicht im Arbeiten.*
- ◼ *muss ein Rückflug-/Weiterreiseticket bzw. ausreichend Geld für den Rückflug vorweisen können.*
- ◼ *muss mindestens 4200 $ für Lebenshaltungskosten in Neuseeland zur Verfügung haben.*
- ◼ *darf keine Kinder mit ins Land bringen.*
- ◼ *darf keine kriminelle Vergangenheit haben.*
- ◼ *muss gesund sein (Fragebogen zu Tuberkulose u. Ä.).*
- ◼ *muss eine Krankenversicherung für die Aufenthaltsdauer vorweisen.*
- ◼ *darf noch kein WHV beantragt haben.*

Ungarn, Uruguay, die USA und Vietnam. Es laufen Verhandlungen mit weiteren Ländern, doch bis auf weiteres ist das WHV für Schweizer nicht erhältlich.

Das WHV kann von jedem beliebigen Land aus beantragt werden, die Antragstellung ist auch während eines Aufenthaltes in Neuseeland möglich. Für deutsche Staatsbürger gibt es ein unlimitiertes Kontingent an WHVs. Diese werden online ausgestellt. Den Link für die Online-Beantragung findet man auf der Website der neuseeländischen Botschaft oder Immigrationsbehörde (**New Zealand Immigration Service**). Die Bezahlung der **Gebühr** von ca. 165 $ erfolgt per Kreditkarte (nur Visa oder Mastercard). Den Bescheid über die Visaerteilung erhält man meist nach wenigen Tagen per E-Mail.

Mit der Bestätigung des Visums erhält man die Gelegenheit, eine Kopie des WHVs auszudrucken. Dieser **Ausdruck des elektronischen Visums** reicht aus,

### WHV für Österreicher

*2012 hat auch Österreich ein Working Holiday Visa Agreement mit Neuseeland geschlossen. Seitdem wird jährlich im April eine bestimmte Anzahl von Plätzen (bisher stehen leider nur 100 pro Jahr zur Verfügung) vergeben. Es gelten die Bedingungen, Abläufe und Kosten, wie sie hier im Kapitel beschrieben sind. Achtung: Für den Beginn der Antragsfrist gilt die neuseeländische Ortszeit! Man sollte daher die Zeitverschiebung (s. S. 62) beachten, am besten schon vorher einen Account freischalten und alle wichtigen Unterlagen bereitlegen, damit man ganz pünktlich und zügig mit der Anmeldung vorankommt. Die Visumsdauer beschränkt sich aufgrund der österreichischen Arbeitsgesetzgebung auf sechs Monate. Die Bedingungen für die Erteilung eines WHV unterscheiden sich von denen für Deutsche auch darin, dass der Antragsteller österreichischer Staatsbürger sein muss, einen gültigen österreichischen Pass haben muss, der am Tag der Antragstellung noch mindestens folgende Gültigkeit hat: Ankunftsdatum in Neuseeland + 6 Monate Aufenthalt + 3 Monate, und mindestens 2250 $ für Lebenshaltungskosten in Neuseeland zur Verfügung haben muss.*

**TIPP**
**Anlaufstellen in Neuseeland**

■ *Deutsche Botschaft,*
*90-92 Hobson Street, Thorndon,*
*Wellington 6011, Tel. +64 4*
*4736063, Fax 4736069, Notruf:*
*+64 21 651987,*
*info@wellington.diplo.de,*
*www.wellington.diplo.de*
■ *Österreichisches Honorargene-*
*ralkonsulat, Level 4, 75 Ghuznee*
*Street, Wellington 6011, Tel. +64 4*
*3841402, Fax 3843773, austria@*
*vodafone.co.nz, www.bmeia.gv.at*
■ *Schweizer Botschaft,*
*Maritime Tower, 10 Customhouse*
*Quay, Level 12, Wellington 6011,*
*Tel. +64 4 4721593, Fax 4996302,*
*wel.vertretung@eda.admin.ch,*
*www.eda.admin.ch/wellington*
■ *Immigration NZ,*
*PO Box 3705, Wellington*
*Tel. +64 9 914 4100 (außerhalb*
*Neuseelands), 0508 558 855*
*(außerhalb Aucklands), 09 914*
*4100 (innerhalb Aucklands),*
*www.immigration.govt.nz*
*Die Büros der Immigrationsbehörde*
*sind über ganz Neuseeland verteilt.*
*Es wird empfohlen, zuerst telefoni-*
*schen Kontakt aufzunehmen.*

um Einreisen und den neuseeländischen Arbeitgebern nachweisen
zu können, dass man das WHV
und damit eine Arbeitserlaubnis
hat. Der Arbeitgeber hat auch die
Möglichkeit, sich die Visabestimmungen vom Immigration New
Zealand National Contact Centre bestätigen zu lassen oder den
Onlineservice VisaView von Immigration New Zealand zu nutzen.

Ist das WHV erteilt – und dieses Visum bekommt man nur einmal im Leben! – hat man ab dem
Tag der Genehmigung ein Jahr
Zeit einzureisen. Ab dem Einrei-
setag zählt das Visum für **12 Monate** für deutsche bzw. 6 Monate
für österreichische Staatsbürger.
Unterbrechungen, um das Land
zu verlassen, sind möglich, sie verlängern diese Frist jedoch nicht.

Die im Visum angegebene **Aufenthaltsdauer** sollte auf keinen
Fall überschritten werden. Eine Vi-
sumverlängerung für drei Monate
ist möglich, muss aber vor Ablauf
des ursprünglich erteilten Visums
beantragt werden. Sonst macht
man sich strafbar, muss eine Geld-
buße zahlen und kann für Jahre
des Landes verwiesen werden.
Das Gleiche kann passieren, wenn
man ohne Erlaubnis arbeitet. Bei
**Visafragen** während des Aufenthaltes wendet man
sich an den **New Zealand Immigration Service,** die
jeweilige Botschaft oder die Generalkonsulate (Adressen auf den Websites der Botschaften).

## Visumverlängerung

Wer gerne noch etwas mehr Zeit in Neuseeland verbringen möchte, hat zwei Möglichkeiten.

Wer ein WHV hat, kann ein **Working Holiday-maker Extension Visa** beantragen, mit dem man für weitere drei Monate jobben kann. Für die Visabe-antragung (von Neuseeland aus) muss man nach-weisen können, dass man mindestens drei Monate im Garten- und/oder Weinbau in Neuseeland ge-arbeitet hat. Das Visum kostet ca. 165 $. Von der Website der neuseeländischen Immigrationbehör-de kann man sich den ensprechenden Antrag (SSE Work Visa Application, INZ 1153) herunterladen, den man dann zusammen mit den Arbeitsnachwei-sen und dem Nachweis eines Rückflugtickets oder ausreichender Geldmittel dafür an die nächste Filia-le der Immigrationsbehörde schickt.

Es ist aber auch möglich, im Anschluss mit einem normalen **Touristenvisum (Visitor Visa)** noch drei Monate länger im Land zu bleiben (dann darf man

☑ Manchem reicht ein Jahr Neuseeland nicht aus

064rs Abb.: me

natürlich nicht mehr arbeiten). Das Touristenvisa beantragt man ebenfalls schriftlich bei der Immigrationsbehörde (weitere Infos auf deren Website). Die Kosten für das Visum belaufen sich auf ca. 165 $.

Die Bearbeitungsdauer beträgt jeweils ungefähr 2 Wochen – auf jeden Fall rechtzeitig vor Ablauf des WHV darum kümmern!

Eine weitere Möglichkeit ist, das Land kurzzeitig zu verlassen, um dann bei Einreise ein kostenloses Touristenvisum (gültig für 3 Monate) zu erhalten.

## Allein oder zu zweit?

Gleich vorweg: Heutzutage ist es völlig normal, allein zu reisen. Gerade in Neuseeland sind viele Leute allein unterwegs. Man braucht – auch als Frau – weder Angst zu haben noch wird man schief angeschaut. Wer ohne Anhang reist, kann seine uneingeschränkte Freiheit genießen und Entscheidungen ohne Kompromisse treffen. Die Erfahrung, dass man allein zurechtkommt, stärkt das **Selbstbewusstsein.** Nebenbei kann man noch einige interessante Sachen über sich selbst herausfinden.

009ns Abb. aa

▷ Wer nicht allein reisen möchte, kann auch in Neuseeland ohne Mühe einen Reisepartner finden

Natürlich möchte man sich manchmal gern mit jemandem über die Reiseeindrücke austauschen und oft machen Ausflüge mit mehreren Leuten noch mehr Spaß. Doch wer **Reisepartner** sucht, wird sie auch finden. Gerade wenn man allein unterwegs ist, lernt man sehr schnell Leute kennen. Sei es für eine nette Unterhaltung im Hostel oder für einen gemeinsamen Reiseabschnitt. Diese neuen Freundschaften sind eine Bereicherung und einer der schönsten Gründe zum Reisen.

Vielleicht ist die Reise mit Freund oder Freundin sogar noch ein größeres **Wagnis** als allein. Es kann leicht passieren, dass während der Reise unterschiedliche Interessen zutage kommen und dann sind Streit und Stress vorprogrammiert. Wenn es jedoch gut klappt, hat man eine Freundschaft fürs ganze Leben gewonnen.

Egal ob allein oder mit Partner, man übt sich beim Reisen auf alle Fälle in Offenheit und Toleranz.

## Auf eigene Faust oder mit einer Organisation?

Wer mit einem WHV nach Neuseeland reisen will, sollte sich diese Frage gleich am Anfang der Planung stellen. Seit der Einführung des WHVs wurden etliche **Organisationen** gegründet, deren Programme eine problemlose Durchführung des Neuseelandaufenthaltes versprechen.

Sie bieten Hilfe bei der Beantragung des WHVs, die Buchung von Flug und erster Unterkunft in Neuseeland, Auslandsversicherung, evtl. auch Übernachtung und Programm bei einem Zwischenstopp, Infoveranstaltungen vor Ort,

**TIPP**

**Es gibt keine falsche Entscheidung**

*Man muss nur dazu stehen. Einige tragen stolz das von der Organisation gesponserte T-Shirt und freuen sich, Programmteilnehmer zu treffen, andere verschwenden keinen Gedanken an „spießige, teure" Organisationen und manche nutzen deren Vorteile und machen ansonsten unabhängig ihr Ding.*

## Auf eigene Faust oder mit einer Organisation?

**Auswahl von Organisationen
mit Work & Travel-Programmen**

■ *Stepin*, Beethovenallee 21, 53173 Bonn,
Tel. 0228 9569520, www.stepin.de

■ *AIFS Deutschland*, Friedensplatz 1, 53111 Bonn,
Tel. 0228 957300, gebührenfreie Telefonnr. aus
Österreich: 0800 311520, gebührenfreie Telefonnr.
aus der Schweiz: 0800 772299, www.aifs.de

■ *TravelWorks*, Münsterstraße 111, 48155 Münster,
Tel. 02506 83030, www.travelworks.de

■ *GLS Sprachenzentrum*, Kastanienallee 82,
10435 Berlin, Tel. 030 78008930,
www.gls-sprachenzentrum.de

■ *PractiGo*, Neidenburger Str. 9, 28207 Bremen,
Tel. 0421 4089770, www.practigo.com

■ *Study Nelson*, PO Box 1282, Nelson 7040,
Tel. +64 3 5466338, www.auszeitneuseeland.com

■ *Praktikawelten*, Nymphenburger Str. 113, 80636
München, Tel. 089 2867510, www.praktikawelten.de

■ *MultiKultur e. K.*, Helmholtzstr. 50, 50825 Köln,
Tel. 0221 9213040, www.multikultur.info

Mitgliedschaften bei neuseeländischen Organisationen, Hilfe bei der Jobvermittlung, jede Menge Infomaterial und organisationseigene T-Shirts. Die Angebote der Organisationen unterscheiden sich in den Details, sodass man um das Wälzen und Vergleichen der Infobroschüren nicht herumkommt.

Grundsätzlich ist zu sagen, dass man die Reise ohne große Probleme **alleine vorbereiten und durchführen** kann. Über das Internet kann vieles unkompliziert geregelt werden. Außerdem hat man sich in Neuseeland bestens auf die Bedürfnisse der Backpacker eingestellt, die schon seit vielen Jahren ins Land kommen, um zu reisen und zu arbeiten. Wer die Reise allein organisieren will, findet Tipps

## Auf eigene Faust oder mit einer Organisation?

zu Visabeantragung, Unterkunft, Jobsuche u. v. m. in diesem Buch. Ohne Zweifel kann man einige Euro sparen, wenn man die Planung selbst in die Hand nimmt.

Mit einer **Programmteilnahme** ist gut beraten, wer die ersten Tage der Reise gern ein paar Leute um sich hätte. Man kann andere Reiseteilnehmer meist schon vorab kennenlernen und sich austauschen. Wer wenig Zeit für die Vorbereitungen hat, wird für die Hilfestellung der Organisation dankbar sein. Außerdem ist es beruhigend, die Anfangszeit (inklusive Jetlag) mit Gleichgesinnten durchzustehen und Eingewöhnungshilfe von der Organisation zu bekommen. Wer will, kann sich in seiner Reisegruppe gleich einen Begleiter für die Weiterrei-

**TIPP**

**Selbstorganisations-Paket**
*BackpackerPack.de bietet neben einem Infobuch mit zahlreichen Insidertipps einen 24-Monate-Frageservice, Open-Return-Tickets, Gruppenflüge u. v. m.*
- *http://neuseeland.backpacker pack.de*

**Starthilfe in Neuseeland**
*Wer nicht gleich ein Komplettpaket mit Flug und Betreuung für die gesamte Aufenthaltszeit buchen will, aber für die ersten Tage in Neuseeland gern ein paar Hilfestellungen in Anspruch nehmen möchte (z. B. Flughafentransfer, Unterkunft, Hilfe bei Behördengängen usw.), für den sind u. a. folgende Angebote interessant:*
- *www.stayatbase.com/work.aspx (Base Backpacking Hostels New Zealand bietet Work Deals)*
- *www.neuseeland.reisebine.de (Job Search Starter Package Neuseeland von Reisebine inkl. Übernachtung im Hostel in Auckland und diversen Services wie Notfallnummer, Gepäck- und Postaufbewahrung, SIM-Card, Internetzugang, Work-Package)*
- *www.statravel.de/arbeiten-im-ausland-neuseeland.htm (Starterpakete – auch in XXL – von STA Travel mit ähnlichen Services wie bei Reisebine)*
- *www.work-travel-fun.com (Andre Kollai, ein Deutscher, der sich in Neuseeland niedergelassen hat, bietet Kiwi-Infoabende und Kiwi-Einführungstage in Auckland an.)*

se suchen. Auf die (besorgten) Verwandten und Bekannten daheim wirkt ein offizielles Programm beruhigend. Man wird mit einer Postadresse für Neuseeland (meist das Büro der Organisation vor Ort) inkl. Postweiterleitungsservice *(mail forwarding service)* ausgestattet, sodass man erreichbar ist. Nach der Rückkehr könnte eine „Teilnahme am Programm X der Organisation Y" inkl. Teilnahmezertifikat im Lebenslauf um einiges erfolgreicher und nutzbringender klingen als nur ein „Auslandsaufenthalt Neuseeland".

Zu viel sollte man von den Organisationen aber nicht erwarten. Auch wenn Jobs versprochen werden, muss man sich letztlich selbst kümmern und aktiv werden.

▷ Wer die Reiseplanung entspannt angeht, hat schon gewonnen

06rrs Abb. mg

# Kündigung oder Freistellung?

Mittlerweile hört man das Wort **Sabbatical** recht oft. Es bedeutet eine **Auszeit** vom Job – eine Pause einlegen, um zu reisen, sich weiterzubilden o. Ä. Das Wort Sabbatical ist an das hebräische „Sabbat" angelehnt, das Ruhetag bedeutet und für den traditionellen jüdischen Feiertag steht.

In einigen Ländern, wie z. B. Dänemark, den Niederlanden oder Frankreich, haben die Bürger mittlerweile gesetzlichen Anspruch auf eine längere **Freistellung von der Arbeit.** In Deutschland gehen die Entscheidungsträger durch die Einführung von Zeitsparmodellen erste vorsichtige Schritte in diese Richtung. Allerdings gibt es, ebenso wie in Österreich und der Schweiz, noch keinen rechtlichen Anspruch auf ein Sabbatical.

Klare Regelungen existieren in Deutschland nur für **Beamte** (und gleichgestellte Angestellte). Als Beamter hat man in den meisten Bundesländern – nachzulesen in den jeweiligen Landes- bzw. Bundesbeamtengesetzen – ein Anrecht auf eine Auszeit und oft die Wahl zwischen verschiedenen Sabbatical-Modellen.

Die Regierung hat im Jahr 2001 mit dem **Teilzeit- und Befristungsgesetz für Arbeitnehmer** einen grundsätzlichen Anspruch auf Teilzeitarbeit geschaffen. Das Bundesministerium für Arbeit und Soziales stellt auf seiner Website sieben verschiedene Teilzeitmodelle vor. Auf der Website kann man

**Aktuelle Informationen zum Thema Sabbatical**

- *Das Bundesministerium für Arbeit und Soziales liefert Informationen rund um das Thema Teilzeit und gibt Hinweise zu sozialrechtlichen Fragen, die das Flexi-Gesetz (ArbZAbsichG) und das Führen von Arbeitszeitkonten betreffen. www.bmas.bund.de*
- *Auf der Website des Ministeriums kann man die Broschüre „Teilzeit – Alles, was Recht ist" bestellen oder downloaden. Sie enthält zahlreiche Informationen zu flexiblen Arbeitszeitregelungen.*
- *Eine informative Zusammenfassung zum Flexi-II-Gesetz findet man in BRANDaktuell. www.lasa-brandenburg.de/ brandaktuell/28.0.html*

auch die aktuellen Entwicklungen der Sabbatical-Regelungen verfolgen.

Das Modell „Teilzeit Invest" eröffnet die Chance auf mehrmonatige Urlaubsphasen oder Sabbaticals. Langzeitkonten, manchmal auch als Wertguthaben bezeichnet, bieten Arbeitnehmern die Möglichkeit, Arbeitszeit über einen längeren Zeitraum anzusparen. Vereinfacht gesagt arbeitet man bis zur Auszeit für ein geringeres Gehalt, dass man dann aber auch während der Auszeit weitergezahlt bekommt. Man vereinbart mit seinem Arbeitgeber für einen vertraglich festgelegten Zeitraum einen Teilzeitarbeitsvertrag mit entsprechend reduziertem Gehalt. Da man aber die volle Stundenzahl weiterarbeitet, spart man so Arbeitszeit an, die während der folgenden Auszeit in Anspruch genommen wird – bei Weiterzahlung des Teilzeitgehaltes.

Mit dem **Gesetz zur Verbesserung der Rahmenbedingungen für die Absicherung flexibler Arbeitszeitregelungen (Flexi II),** das 2009 in Kraft getreten ist, werden Langzeitkonten noch attraktiver gemacht und Rechtsunsicherheiten beseitigt. Klarer als in der bis dato gültigen Flexi-I-Regelung grenzt es die Langzeitkonten (Wertguthaben) von anderen Regelungen zur Flexibilisierung der Arbeit ab. Danach gelten nur solche Arbeitszeitkonten als Wertguthaben, bei denen Geld vorrangig für längere Freistellungsphasen (z.B. Sabbatical) angespart wird (siehe §7 b Ziff. 2 SGB IV).

---

**Das Flexi-II-Gesetz in Stichworten**

- *Langzeitkonten auf Entgeltbasis: Seit dem 1. Januar 2009 müssen die Wertguthaben auf Entgeltbasis geführt werden.*

- *Sicherheit: Für alle neu eingerichteten Konten wird eine Werterhaltungsgarantie eingeführt. Das bisher unberücksichtigte Börsenrisiko wird eingeschränkt.*

- *Insolvenzschutz: Wertguthaben müssen vor Insolvenz geschützt werden. Dazu ist für die Arbeitgeber ein Qualitätsstandard festgeschrieben, der im Rahmen der Betriebsprüfung von der Deutschen Rentenversicherung auch kontrolliert wird.*

- *Portabilität (seit 2009): Arbeitnehmer, die zu einem anderen Arbeitgeber wechseln, der keine Möglichkeit zur Übertragung von Wertguthaben bietet, können ihr Guthaben auf die Deutsche Rentenversicherung Bund übertragen.*

**Wichtige Fragen zum Sabbatical-Vertrag**

- *Was wird alles als Wertguthaben auf dem Lang-zeitkonto angerechnet?*
- *Wie verändert sich die Vergütung? Wie hoch ist sie während der Auszeit?*
- *Welche Regelungen greifen beim Krankheitsfall während der Auszeit?*
- *Ist das Guthaben auch bei z. B. Konkurs der Firma geschützt?*
- *Wie wird mit der eventuellen betrieblichen Alters-versorgung verfahren?*
- *Wie erfolgt die Wiedereingliederung? Kann an dieselbe Stelle zurückgekehrt werden?*

In **großen Firmen** sind solche Sabbatical-Rege-lungen – zur Mitarbeitermotivation, für das Firmeni-mage oder zum Ausgleich von Konjunkturschwan-kungen – heutzutage schon üblich. Sind solche Re-gelungen noch nicht im Arbeitsvertrag festgehalten, sollte man das Nachfragen nicht scheuen – anstatt von Fernweh geplagt und vom Arbeitsalltag genervt gleich die Kündigung einzureichen. Allerdings be-ruhen die Auszeiten immer auf einer freiwilligen Vereinbarung zwischen Arbeitgeber und Arbeit-nehmer.

Auf ein **Gespräch mit dem Vorgesetzten** sollte man sich gut vorbereiten. Nur wer genau weiß, was er will und warum er ein Sabbatical möchte, kann den Chef überzeugen. Idealerweise hat man Vor-schläge parat, wer die eigene Arbeit während der Abwesenheit übernehmen kann. Wird eine Verein-barung getroffen, ist ein **schriftlicher Vertrag** unver-zichtbar. Besonders wenn die Firma noch keine Er-fahrungen mit längerfristigen Arbeitszeitkonten hat, sollte man sich fundiert beraten lassen (Gewerk-schaft, Betriebsrat, Anwalt für Arbeitsrecht etc.).

## Agentur für Arbeit (Arbeitsamt)

In jedem Fall ist eine **persönliche Beratung** bei der Agentur für Arbeit (früher: Arbeitsamt) schon vor der Kündigung angebracht, um die eigene Situation zu analysieren. Der zuständige Leistungsberater kann detaillierte Auskünfte zu Ansprüchen geben. Auf der Website www.arbeitsagentur.de kann man sich über die neuesten Änderungen informieren.

Auch wenn man seinen **Job kündigt,** hat man Anspruch auf Arbeitslosengeld, wenn man in den letzten zwei Jahren vor der Arbeitslosmeldung und der eingetretenen Arbeitslosigkeit mindestens 12 Monate in einer versicherungspflichtigen Beschäftigung gestanden hat.

Die Anspruchsdauer richtet sich nach der Anzahl der Monate des Versicherungspflichtverhältnisses in den letzten fünf Jahren.

Wer selbst kündigt (Arbeitsaufgabe) oder wer einen Aufhebungsvertrag unterzeichnet, wird von der Agentur für Arbeit allerdings mit einer **Sperrzeit** bedacht. Sie beginnt mit dem Tag nach dem Ereignis, das die Sperrzeit begründet und bewirkt, dass das Arbeitslosengeld für 12 Wochen nicht gezahlt wird. Außerdem vermindert sich die Anspruchsdauer um die Tage der Sperrzeit (bei einer 12-wöchigen Sperrzeit wegen Arbeitsaufgabe mindestens um ein Viertel der Anspruchsdauer).

**Auskünfte zu Arbeits- und Beschäftigungsmöglichkeiten in Neuseeland**

*Zentrale Auslands- und Fachvermittlung (ZAV), www.ba-auslandsvermittlung.de*

Eine „Mitnahme" von erworbenen Ansprüchen ins Ausland oder auch die Gewährung von Leistungen zum Zwecke der Arbeitssuche im Ausland ist nur innerhalb der EU-Länder möglich.

Die persönliche **Arbeitslosmeldung** ist Voraussetzung für den Bezug von Arbeitslosengeld. Sie muss spätestens am ersten Tag der Beschäftigungslosig-

keit (frühestens drei Monate vorher) persönlich bei der zuständigen Agentur für Arbeit erfolgen. Wer also nach der Rückkehr aus Neuseeland Arbeitslosengeld beantragen möchte, muss sich bereits vor der Abreise arbeitslos melden.

Die Unterbrechung bzw. Beendigung des Arbeitslosen-Status, weil man bei einem Auslandsaufenthalt der Arbeitsvermittlung nicht zur Verfügung steht, muss konkret mit dem **Arbeitsvermittler** besprochen werden. Wird die Arbeitslosigkeit mehr als 6 Wochen unterbrochen, erfolgt die Weiterzahlung der Leistung erst nach erneuter persönlicher Arbeitslosmeldung.

Sollte nach Rückkehr aus dem Ausland die Rahmenfrist zur Beantragung des Arbeitslosengeldes abgelaufen sein, kann auf Antrag **Arbeitslosengeld II** gewährt werden. Dies setzt voraus, dass man erwerbsfähig und bedürftig ist.

◹ Vielleicht kann die ZAV einen Job in Neuseeland vermitteln?

## Was wird aus den Versicherungen?

### Kranken- und Pflegeversicherung

Angestellte mit **bezahltem Langzeiturlaub** bleiben durch das Flexi-Gesetz weiter krankenversichert. Beim Ausscheiden aus einem Beschäftigungsverhältnis oder bei Inanspruchnahme von unbezahltem Urlaub beendet die Firma automatisch die Zahlung der Kranken- und Pflegeversicherungsbeiträge an die Krankenkasse. Die Krankenkassen haben ab diesem Zeitpunkt noch eine Nachversicherungspflicht, die maximal einen Monat greift. Da die heimische Krankenkasse nicht für Arztkosten im außereuropäischen Ausland aufkommt, muss eine **Auslandsreise-Krankenversicherung** abgeschlossen werden.

Ein Fortbestehen der Krankenversicherung zu den regulären Konditionen ist für den Zeitraum des Auslandsaufenthaltes im Normalfall – schon aus Kostengründen – nicht nötig. Man sollte aber auf jeden Fall sicherstellen, dass man nach der Rückkehr aus Neuseeland – auch im Falle einer vorzeitigen Rückreise – automatisch wieder krankenversichert ist. Die Auslandsreise-Krankenversicherung erlischt nämlich in der Regel mit Beendigung der Reise.

Die **Gesundheitsreform 2007** sah erstmalig die Versicherungspflicht für alle Bürger vor, was genauso ein Recht auf Versicherungsschutz in Deutschland bedeutet. Hat man den beispielsweise aufgrund des Auslandsaufenthaltes aufgegeben, kann man nach der Rückkehr aus dem Ausland wieder in seine letzte Versicherung (sowohl gesetzliche als auch private) eintreten.

Alle Fragen zu dieser Thematik sollte man konkret mit der eigenen Krankenkasse schon vor der Abreise klären und auch sicherstellen, dass bereits für den Tag der Rückkehr eine Mitgliedsbescheinigung der Krankenkasse vorliegt.

Wenn man Anspruch auf Arbeitslosengeld hat, übernimmt die **Agentur für Arbeit** die Kosten für die Krankenversicherung. Geht man sofort wieder ein Beschäftigungsverhältnis ein, werden die Beitragszahlungen von der Firma abgeführt. Klappt beides nicht, muss man sich bis auf weiteres freiwillig selbst versichern.

**Privat Versicherte** sollten sich bei ihrer Versicherung genau erkundigen, ob und für welchen Zeitraum ein Krankenversicherungsschutz auch im Ausland gewährleistet ist. Sollte dort kein Schutz bestehen, kann eventuell eine Anwartschaftsversicherung abgeschlossen werden, mit der der Wiedereinstieg zu den gleichen Konditionen verbindlich zugesichert wird. Ansonsten wird man nach einer Kündigung der Versicherung und einem Neuabschluss nach der Rückkehr entsprechend dem Eintrittsalter höher eingestuft.

Auch in Bezug auf die **Pflegeversicherung** ist eine Weiterversicherung oder Anwartschaft in Betracht zu ziehen, damit man sich seinen Anspruch auf Leistungen sichern kann.

## Auslandsreise-Krankenversicherung

Der Abschluss einer Auslandsreise-Krankenversicherung für den Zeitraum des Neuseelandaufenthaltes ist sehr wichtig. Bei der Auswahl der besten Versicherung bleibt einem nichts anderes übrig, als die Angebote der einzelnen Versicherer im Hinblick auf die eigenen Ansprüche zu vergleichen. Nicht immer ist die günstigste Versicherung die richtige Wahl.

Viele Versicherungsgesellschaften bieten **Rundum-Pakete** an,

**TIPP**

**Vorsicht, Kleingedrucktes!**
*Man sollte vor Vertragsabschluss unbedingt die Versicherungsbedingungen genau studieren. Die üblichen Jahrespolicen, die recht preiswert unter anderem in Reisebüros angeboten werden, gelten nur für Auslandsaufenthalte bis zu einem Zeitraum von jeweils maximal sechs Wochen und bieten daher keinen ausreichenden Versicherungsschutz.*

## Was wird aus den Versicherungen?

**Anbieter von Krankenversicherungen**

*Es gibt etliche Versicherungen und Versicherungsmakler, die ihre Angebote auf Reisende zugeschnitten haben. Sie sind besonders für Leute interessant, die in Neuseeland arbeiten wollen, denn dieses Risiko kann nicht bei jedem Anbieter versichert werden.*

- *Reiseversicherung von STEP IN und der Allianz Global Assistance, www.stepin.de*
- *Dr. Walter GmbH, www.protrip.de und www.reiseversicherung.com*
- *praktika.de, www.praktika.de/cms/ Auslandskrankenversicherung.871.0.html*
- *International Service Assekuranz, www.isa-office.de*

*Hilfreich sind Krankenversicherungsvergleiche, wie sie beispielsweise von Finanztest (www.test.de) vorgenommen werden:*

- *Ausgabe 09/2013: Thema „Auslandsreise-Krankenversicherung: Gute Policen für lange Reisen". Hier schnitt der Tarif „Young Travel" von HanseMerkur sehr gut ab.*

*Gerade in Internetforen rund ums Thema Neuseeland kann man sich Tipps zum Thema Krankenversicherung holen. Viele Reisende haben bereits Erfahrungen – gute und schlechte – gemacht und geben diese gern weiter.*

die neben der Krankenversicherung noch Unfall, Haftpflicht, Reisegepäck, Rechtsschutz u. Ä. versichern. Es ist zu überlegen, welche Risiken bereits abgedeckt sind und welche für den Neuseelandaufenthalt zusätzlich abgesichert werden sollen. Zum Beispiel kann die Ausübung von Extremsportarten bei einigen Versicherern gegen Aufpreis mit eingeschlossen werden.

## Rentenversicherung

Zum Thema Rentenversicherung herrscht, politisch gesehen, ein ziemliches Drunter und Drüber. Fest steht, dass man grundsätzlich mit einer **privaten Altersabsicherung** am besten beraten ist. Während des Auslandsaufenthaltes weiterhin freiwillige Beiträge in die gesetzliche Rentenversicherung einzuzahlen, lohnt sich nicht. Man kann natürlich nochmal das Gespräch mit dem Rentenversicherungsträger

**Deutsche Rentenversicherung**
*Informationen und Beratung rund ums Thema Rente: www.deutsche-rentenversicherung.de, Servicetelefon 0800 10004800*

suchen. Die **Rentenversicherungsträger** (Deutsche Rentenversicherung Bund und Deutsche Rentenversicherung Knappschaft-Bahn-See) treten unter dem gemeinsamen Namen „Deutsche Rentenversicherung" auf. Außerdem existieren für einige Berufsgruppen, sogenannte freie Berufe wie Ärzte oder Architekten, selbstständige Versorgungswerke. Informationen und Beratung gibt es in den bundesweit vertretenen Auskunftsstellen.

068ns Abb.: ctw

◁ Wer keine großen Risiken eingeht, bleibt hoffentlich von Unfällen und Krankheiten verschont

### Lebensversicherung

Mit einer Lebensversicherung hat man etwas für seine Altersvorsorge getan – aber auch hohe laufende Kosten. Eine Kündigung der Lebensversicherung, nur um in der Reisezeit die Versicherungsbeiträge zu sparen, ist jedoch nicht ratsam. In der Regel verbleiben die eingezahlten Beiträge in den ersten Jahren nämlich beim Versicherer. Die **Versicherungsbedingungen** geben genaue Auskunft über den Verbleib des eingezahlten Kapitals und den eventuellen Rückkaufwert. Meist kann man mit dem Versicherer eine Stundung der Beiträge oder ein Ruhenlassen des Vertrags vereinbaren, wenn man sich die vollen Beiträge für eine Weile nicht leisten kann oder will. Es besteht dann immer noch eine Versicherung des Todesfallrisikos. Allerdings kann bei geringeren Beitragszahlungen kaum Kapital angespart werden, was sich bei der späteren Auszahlungssumme erheblich bemerkbar macht. Deshalb sollte man sich von der Versicherung ge-

▷ Vor allem wenn man vorhat, Extremsportarten wie Bungeejumping auszuüben, sollte man sich gut versichern

069ns Abb. me

nau ausrechnen lassen, wie sich eine Änderung der Beitragszahlung auf die spätere Gesamtsumme auswirken würde. Sonst kann es schnell passieren, dass man am falschen Ende spart.

## Unfallversicherung

Grundsätzlich ist man mit dem Abschluss einer Unfallversicherung gut beraten. Wer sich für den Auslandsaufenthalt zu einem Rundum-Versicherungspaket entschließt, wird in der Regel auch gegen das **Unfallrisiko** versichert sein. Hat man bereits eine Unfallversicherung, die üblicherweise weltweit gilt und tariflich in der Regel günstiger ist als ein spezielles Angebot für den Auslandsaufenthalt, ist ein weiterer Abschluss überflüssig. Auch hier muss man sich genau informieren, welche Risiken versichert sind. Einige Versicherer bieten z.B. bei der Ausübung von bestimmten Sportarten oder Ballonfahrten **keine Deckung.**

## Haftpflichtversicherung

Bezüglich seiner Haftpflichtversicherung muss man sich erkundigen, ob sie **weltweiten Versicherungsschutz** beinhaltet. Da dies in den meisten Fällen zutrifft, braucht man keine zusätzliche Versicherung. Bei einem Rundum-Versicherungspaket entsteht eventuell eine Doppelversicherung.

## Hausratversicherung

In dieser Frage sollte man sich mit der Versicherung in Verbindung setzen, wenn die Wohnung zum Beispiel untervermietet wird und dadurch Änderungen in der Versicherungspolice anfallen. Bei **Wohnungsauflösung** kann die Versicherung gekündigt werden.

### Reisegepäckversicherung

Hat man sich für ein Rundum-Paket eines Versicherers entschieden, ist die Reisegepäckversicherung oft mit eingeschlossen. Wer seine Hausratsversicherung behält, hat möglicherweise im Rahmen des **Außenversicherungsschutzes** eine weltweite Deckung und kann somit Ansprüche geltend machen. Die Versicherungsbedingungen müssen sehr genau gelesen werden. Auch bei einer speziellen Reisegepäckversicherung ist nicht jedes Risiko abgedeckt. Teure technische Ausrüstungsgegenstände wie Foto- oder Videokamera sind nicht automatisch eingeschlossen und müssen extra versichert werden. Nicht alle Schadensfälle sind durch die Versicherungsbedingungen gedeckt. Leicht kann die Leistung durch den Vorwurf der Fahrlässigkeit abgelehnt werden. Außerdem liegt der Versicherungszeitraum in der Regel weit unter einem Jahr. Daher genau nachfragen und eventuell Sonderkonditionen aushandeln.

## Wie viel Geld brauche ich ungefähr?

Für die Beantragung des Visums bzw. die Einreise nach Neuseeland muss man genügend **finanzielle Mittel** vorweisen können, mindestens 4200 $ bzw. 2250 $ (für österreichische Working Holiday Maker). Hinzu kommen Kosten für ein Flugticket, Versicherungen und eventuelle Ausgaben für Reiseausrüstung oder sonstige Reisevorbereitungen. Des Weiteren sollte man im Hinterkopf behalten, dass man nicht immer sofort einen Job in Neuseeland findet oder vielleicht

**TIPP**
**Geldkalkulation**

*Wenn man am Anfang 4200 $ (die man beim Beantragen des Visums vorweisen muss) zur Verfügung hat und ein ganzes Jahr bleiben will, wird man mindestens ein halbes Jahr davon arbeiten müssen.*

07bns Abb. fo. © Christopher - Fotolia.com

in den ersten Tagen zunächst einmal Urlaub machen möchte. Daher ist es ratsam, ein bisschen **Taschengeld** für diese Zeit einzuplanen. In der Regel sollten allerdings die oben erwähnten 4200 $ bzw. 2250 $ für den Anfang ausreichend sein.

Da jeder Reisende andere **Ansprüche** und Vorstellungen hat, ist es schwer, pauschal eine Summe zu nennen, die man monatlich benötigt. Man

In der Hauptstadt Wellington kann man gut und auch preiswert shoppen

kann sagen, dass man mit einer Kalkulation von 50 bis 55 $ pro Tag für Unterkunft und Verpflegung nichts falsch machen kann. Hinzu kommen noch Kosten für Kleinigkeiten wie Internet, Briefmarken, Zeitungen usw. Daher kann man sagen, dass etwa 1600–1800 $ pro Monat eine realistische Summe ist, die allerdings bei Tourbuchungen oder anderen Aktivitäten entsprechend höher werden kann.

## Preisniveau

Allgemein kann man sagen, dass das Preisniveau **in den größeren Städten** wesentlich niedriger ist als in einigen kleineren Geschäften **auf dem Lande.** Auch das Benzin ist in den Städten günstiger. Wenn man aber bedenkt, dass die Entfernungen in Neuseeland nicht so groß sind, kann man sich in den größeren Supermärkten immer für eine Weile eindecken und sollte in der Regel rechtzeitig, bevor alle Vorräte verbraucht sind, wieder einem größeren Ort über den Weg laufen, somit können die kleineren und teureren Geschäfte gemieden werden.

⊡ Die Supermarktkette PAK'nSAVE hat günstige Angebote

**Wieder daheim**

*Selbst wenn man noch nicht einmal abgeflogen ist, sollte
man sich schon im Vorfeld ein paar Gedanken darüber
machen, was einen nach der Rückkehr aus Neuseeland
daheim erwartet.*

**Pflichten zu Hause**

*Auch wenn es schwer fällt: Gleich nach der **Rückkehr**
sollte man sich bei der Agentur für Arbeit, der Krankenkasse und allen anderen wichtigen Institutionen vorstellen, damit man wieder in das **soziale Netz** zu Hause
eingegliedert wird. Wer in Neuseeland noch nicht damit
angefangen hat, muss sich jetzt durch diverse Jobdaten-
banken kämpfen oder Anträge auf einen Studienplatz
ausfüllen, Bewerbungsunterlagen aktualisieren und sich
auf **Bewerbungsgespräche** vorbereiten. Nach einem
Auslandsaufenthalt kann schon mal die Frage fallen, ob
man sich (noch) in der Lage fühlt, Vollzeit zu arbeiten.
Auf solche Fangfragen sollte man gut vorbereitet sein:
Sprachkenntnisse, Auslands- und Lebenserfahrung,
Motivation, neue Ideen und Menschenkenntnis sind nur
einige **Pluspunkte,** auf die man in einem Vorstellungs-
gespräch hinweisen kann.*

**Positive Gedanken**

*Sicherlich wird man zum Ende der Reise etwas wehmütig
werden. Vor allem sollte man aber dankbar sein, dass
man den Traum von Neuseeland verwirklichen konnte.
Auch wenn der Abschied nicht leicht ist und man sich
die ersten Tage zu Hause vielleicht nicht richtig zurecht-
findet, so können doch all die gemachten Erfahrungen
und Erlebnisse, die entstandenen Freundschaften und
die gewonnene Motivation ein Ausgangspunkt für einen
**positiven Neustart** sein. Auf zu neuen Abenteuern und
Aufgaben - es bleibt spannend!*

# Reise-
# vorbereitung

◁ Es findet sich immer ein Weg
(104ns Abb.: mg)

# Gesundheits-Check

Besondere **medizinische Vorkehrungen** müssen für Neuseeland nicht getroffen werden, da die Voraussetzungen in Bezug auf Hygiene und Sauberkeit unseren Standards entsprechen. In der Regel sind keine speziellen Impfungen notwendig. Wer die Reise allerdings mit einem Aufenthalt in Asien verbindet bzw. ganz auf Nummer sicher gehen will, kann eine Hepatitisimpfung in Betracht ziehen. Auskunft hierzu – und den internationalen Impfausweis – gibt es sowohl beim Hausarzt als auch bei einem Tropeninstitut. Achtung: Mittlerweile übernehmen etliche Krankenkassen die Kosten für die (nicht billige) Reiseimpfung. Nachfragen!

Wer regelmäßig **Medikamente** einnimmt, sollte sich ausreichend bevorraten, damit in Neuseeland nicht auf andere Präparate umgestiegen werden muss oder es Probleme mit Rezepten gibt. Am besten nimmt man die Medikamente in der Originalverpackung mit dem Rezept und einem Attest

**Informationen aus dem Internet**
- *Centrum für Reisemedizin: www.crm.de*
- *Info-Service des Tropeninstitutes München: www.fit-for-travel.de*

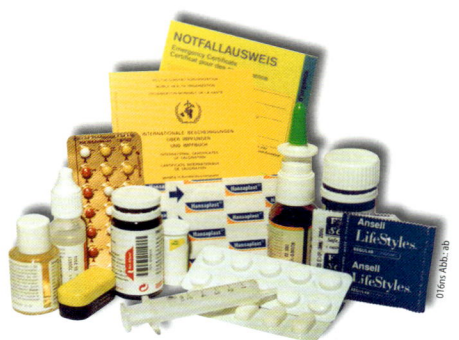

▷ Nie verkehrt: die kleine Reiseapotheke

vom Arzt mit. Eine **Reiseapotheke** mit den üblichen Medikamenten, z. B. gegen Durchfall, Schmerzen etc., Jodtinktur zum Desinfizieren von Wunden, Pflastern usw., ist immer hilfreich. Man kann sich aber auch in Neuseeland mit den üblichen Medikamenten eindecken. In den Drogerien gibt es z. B. **Apothekenabteilungen** (chemist), Kopfschmerztabletten u. Ä. kann man sogar in Supermärkten kaufen.

Übrigens: Wenn man seinem **Hausarzt** begeistert von den Reiseplänen erzählt, bekommt man vielleicht sogar das eine oder andere kostenlose Probenpaket mit auf den Weg. Wer noch keinen hat, lässt sich vom Hausarzt einen **Nothilfepass** ausstellen und dabei gleich noch mal komplett durchchecken. Auch dem **Zahnarzt** sollte man noch einen Besuch abstatten.

**TIPP**

**Pillenmathematik für Frauen**

*Eine kleine Rechenhilfe für alle weiblichen Reisenden, die ein ganzes Jahr wegfahren wollen und die Pille auch unterwegs nehmen möchten: 12 Monate/Packungen mal 4 Wochen ergibt 48 Wochen. Da das Jahr aber 52 Wochen hat, sollte man besser noch eine Extra-Packung mitnehmen.*

## Ab- und Ummeldungen

Mit der Vorbereitung des Neuseelandaufenthaltes sollte so zeitig wie möglich begonnen werden. Wer ein halbes Jahr Vorlauf hat, wird am Ende keine Zeitprobleme bekommen. Am besten alles aufschreiben, damit man nichts vergisst und in Bezug auf die **Zeitplanung** nicht den Überblick verliert. Im Folgenden einige Themen, die als Gedankenstütze dienen sollen:

### Abonnements

Alle Abonnements sollten natürlich gekündigt werden, um unnötige Mehrausgaben zu vermeiden. Abonnements können nicht nur Zeitungen und

Zeitschriften, sondern auch Mitgliedschaften wie zum Beispiel im Fitness-Studio sein. Ein Blick auf die Kontoauszüge hilft, die zusätzlichen Kostenquellen zu überschauen. Die Vertragsunterlagen geben Auskunft über die **Kündigungsfristen,** die oft drei Monate betragen und daher schnelles Handeln erfordern. Zum Teil sind Vertragsunterbrechungen für den Zeitraum des Auslandsaufenthaltes möglich. Sollte es Probleme geben, kann man sich an eine Verbraucherzentrale wenden. Die helfen bei der korrekten Formulierung der Kündigung und kennen das eine oder andere Vertragsschlupfloch.

■ *www.verbraucherzentrale.de*

## Rundfunkbeitrag

Dem Beitragsservice von ARD, ZDF und Deutschlandradio, der den Rundfunkbeitrag erhebt, sollte man den Auslandsaufenthalt mitteilen. Dann kann die Zahlung des Rundfunkbeitrages unterbrochen werden. Ein standardisiertes **Abmeldeformular** kann man auf der Website ausdrucken und ausgefüllt an den Beitragsservice faxen oder schicken.

■ *www.rundfunkbeitrag.de*

## Telefon und Internet

Wenn man die eigene Bleibe aufgibt, muss der Telefonanschluss abgemeldet werden. Eine Abmeldung kommt aber auch in Frage, wenn das Telefon monatelang nicht genutzt wird und die Grundgebühr gespart werden soll. In welcher Art und Weise bei der Abmeldung und Wiederanmeldung **Kosten** entstehen und ob die vorhandene Rufnummer während der Zeit der Abwesenheit reserviert werden kann, muss mit dem Telefonanbieter – über den der Telefonanschluss läuft – im Vorfeld genau geklärt werden. Hat man einen Vertrag über eine bestimmte Laufzeit abgeschlossen, kann man eventuell eine Unterbrechung des Vertrages für die Zeit des Auslandsaufenthaltes aushandeln.

Das gleiche gilt auch für bestehende **Verträge mit Internetprovidern** (sofern diese nicht sowieso mit dem Telefonanschlussvertrag gekoppelt sind).

Wer seine Wohnung untervermietet, erspart sich praktischerweise das teure Ummelden auf den Untermieter und lässt ihn die fortlaufenden Rechnungen zahlen.

Sein **Handy** kann man auch in Neuseeland nutzen (s. S. 88) und daher ruhig mitnehmen. Da es aber sehr teuer ist, in Neuseeland Telefonate über den heimischen Anbieter zu führen, sollte man sich zumindest nicht kurz vor der Reise noch einen neuen Handy-Vertrag zulegen. Eine Unterbrechung oder Beendigung des Vertrages aufgrund des Auslandsaufenthaltes ist meist nicht möglich. Eventuell kann man den Vertrag für diesen Zeitraum auf eine andere Person zu Hause übertragen.

■ *Informationen der Telekom unter der Telefonnummer 0800 3301000 und über die Website www.telekom.de*

## Post

Auch eine **Umleitung der Post** an eine Kontaktperson (s. S. 47) sollte veranlasst werden. Die Post lässt sich diesen Nachsendeservice für Privatkunden mit etwa 19,90 € für 6 Monate, 24,90 € für 12 Monate bzw. 34,90 € für 24 Monate vergüten. Es wird ebenso ein **Lagerservice,** das heißt das Aufbewahren bei der Post, für bis zu drei Monate für 11,90 € angeboten.

Sicherheitshalber sollte man Freunden und wichtigen Institutionen die Adresse der **Kontaktperson** mitteilen.

■ *Infos zum Nachsendeservice und ein Onlineformular gibt es unter www.efiliale.de/nachsendeservice. Praktische*

*Tipps für den Umzug kann man auf der Website www. umziehen.de aufrufen. Den telefonischen Kundenservice der Deutschen Post erreicht man unter 0228 4333112.*

■ *Hilfe beim Ummelden gibt es unter www.ummelden.de.*

## Bank

Dank Internet ist es heutzutage kein Problem, seine Bankangelegenheiten aus der Ferne zu regeln. **Online-Banking** kann man ohne weiteres mit der Bank vereinbaren. Durch die Verwendung von sogenannten PIN/TAN wird eine hohe Sicherheit der Transaktionen gewährleistet. Einige Geldinstitute sind auf Online-Banking spezialisiert, bieten Girokonten ohne Grundgebühr und trotzdem allen Service der örtlichen Banken inklusive Kreditkarten. Natürlich sollte man, wenn man öffentliche Computer wie z. B. in Internetcafés nutzt, immer vorsichtig mit persönlichen Daten umgehen.

Eine weitere Möglichkeit ist, eine **Vertrauensperson** zu Hause mit einer Vollmacht für das Bankkonto auszustatten. Durch den Kontenzugang kann diese Person wichtige und unvorhergesehene Bankgeschäfte regeln. Erhält die Kontaktperson Onlinezugang zu den Kontoauszügen oder lässt man die Auszüge an die Kontaktperson schicken, hat sie die ganze Finanzlage im Auge.

## Auto, Motorrad

Man kann sich natürlich von seinem fahrbaren Untersatz trennen und damit die Reisekasse aufbessern. Wird allerdings nach dem Auslandsaufenthalt wieder ein Fahrzeug benötigt, zahlt man für ein vergleichbares meist drauf. Eine Lösung wäre eine Ruheversicherung: Die **Beitragszahlung** wird eingestellt, der Vertrag verlängert sich um die Zeit der Abwesenheit und wenn man gewisse Auflagen erfüllt, werden trotzdem weiterhin Haftpflicht- und einige Teilkaskoschäden gedeckt.

Man kann das Fahrzeug für die Zeit der Abwesenheit auch einer **Vertrauensperson** überlassen. Dazu muss die Versicherungslage wegen möglicher Unfälle und Schäden aber genau geklärt werden.

## Wohnung

Wer seine Wohnung während des Auslandsaufenthaltes behält, erspart sich den Stress der Suche nach Unterstellmöglichkeiten für seine Möbel und Habseligkeiten und die Wohnungssuche bei der Rückkehr (inkl. Schlaflagersuche für die ersten Nächte). Allerdings ist das **Weiterzahlen** der Miete die teuerste Lösung. Wer nun kündigt, spart zwar die Miete, muss aber wiederum die oben genannten Unannehmlichkeiten in Kauf nehmen und den Auszug mit all den Wegen und Formularen und Auf- und Ausräumaktionen im Zeitplan mit eintakten.

Günstiger ist da die **Untervermietung** der Wohnung. Wer Glück hat, findet jemanden im Freundeskreis, der gerade eine Bleibe sucht und dem man seine eigene guten Gewissens anbieten kann. Man kann es auch über das Internet probieren oder an den schwarzen Brettern der Unis fündig werden. In jeder größeren Stadt gibt es außerdem **Mitwohnzentralen,** die Untermieter vermitteln.

Wichtig ist, dass zum Untervermieten das Einverständnis des Vermieters vorliegt. Alles schriftlich festhalten – natürlich auch den Untermietvertrag mit dem neuen Bewohner. Dem Vermieter sollte man seine E-Mail-Adresse oder die Anschrift einer Kontaktperson hinterlassen, denn man muss schrift-

**TIPP**

**Kündigung des Mietvertrages**

*Vor der Entscheidung unbedingt den Mietvertrag genau anschauen – die Kündigungsfrist (in der Regel drei Monate) muss beachtet werden und teilweise ist man auch verpflichtet, die Wohnung vor dem Auszug zu renovieren.*

lich erreichbar sein. Auch der Untermieter sollte natürlich alle wichtigen Kontaktdaten erhalten.

- *Ring Europäischer Mitwohnzentralen e. V.,*
  *www.mitwohnzentrale.de/staedteliste.php*
- *Verband der Mitwohnzentralen e. V.,*
  *www.homecompany.de*

## Hab und Gut

Die Reisevorbereitung für die Neuseelandreise bietet die günstige Gelegenheit, sein Leben bzw. seine Sachen ein bisschen zu entrümpeln. Einiges kann man sogar noch zu Geld machen, wenn man es in **Second-Hand-Läden** bringt oder auf dem Flohmarkt anbietet. Ein schönes Gefühl hinterlässt es, wenn man einige Sachen einfach verschenkt bzw. spendet. Für alles, das man aufbewahren will, findet man möglichst einen trockenen Dachboden. Man kann Möbel aber auch bei Speditionen einlagern.

**TIPP**
**Spenden**

*Mittlerweile gibt es in vielen größeren Städten Oxfam Shops. In den Läden der internationalen Hilfsorganisation kann man gut erhaltende Sachen spenden. Vom Verkaufserlös werden Hilfsprojekte finanziert. www.oxfam.de*

## Absicherung

Damit man mit ruhigem Gewissen losfahren kann und immer gut informiert bleibt, sollten einige **Vorkehrungen** getroffen werden.

### Auswärtiges Amt

Beim Auswärtigen Amt erhält man Sicherheitshinweise zum Reiseland, kann sich über die Einreisebestimmungen informieren, Informationen des Gesundheitsdienstes nachlesen und die neuesten Meldungen abrufen.

**Informationen der Regierungen**

- *Auswärtiges Amt in Deutschland:*
  *www.auswaertiges-amt.de*
- *Außenministerium in Österreich:*
  *www.bmeia.gv.at (Bürgerservice)*
- *Eidgenössisches Departement für auswärtige*
  *Angelegenheiten in der Schweiz: www.eda.admin.ch*

## Kontaktperson

Sehr wichtig ist eine Kontaktperson, die einen in Neuseeland über alle wichtigen Neuigkeiten informiert, Briefe weiterleitet und einen Internetanschluss besitzt. Die Kontaktperson sollte der Post als Nachsendeadresse dienen.

Gut ist, dieser Person **Vollmachten** zu schreiben. Das kann man blanko vorbereiten und schon unterschreiben. Außerdem sollte die Kontaktperson Zugriff auf persönliche Dokumente wie Versicherungsverträge, Bankunterlagen, Kopien der Reisedokumente und die Dokumentenliste haben.

Wer niemanden kennt, der diese Aufgaben als Kontaktperson übernehmen könnte, bzw. wer niemanden damit belasten will, kann sich in den Gelben Seiten informieren, ob in der Gegend ein Housesitterservice angeboten wird, oder auch **professionelle Hilfe** holen, individuelle Pakete buchen und z. B. Post einscannen und mailen oder nachsenden lassen und noch vieles mehr.

- *Professioneller Reiseservice: www.homebase-postdienste.de*

## Flugbuchung

Wer auf eigene Faust reist und daher den Flug selbst organisiert, kann bei der Buchung das eine oder an-

▷ Bevor man sich in den Flieger setzen kann, heißt es Angebote vergleichen

dere **Schnäppchen** machen. (Tipp: Das Beantragen des Vielfliegerbonus bei der Fluggesellschaft nicht vergessen!) Gerade Studenten oder junge Leute bis 27 haben gute Chancen auf Sonderpreise. Oft werden „Around-the-world-Tickets" vertrieben, die sich großer Beliebtheit erfreuen. Viele Reisende verbinden ihren Neuseelandaufenthalt mit Zwischenstopps in Asien, Australien oder Amerika. Ein oder zwei Stopover, beispielsweise in Singapur, Bangkok, Dubai, Los Angeles oder Hongkong sind meist kostenlos im Ticket nach Neuseeland enthalten.

Eventuell kann man im Flugticket gleich noch **Inlandsflüge** kostengünstig mit einschließen.

Inwieweit später noch Änderungen an Reiseroute und Abflugdaten möglich sind, sollte man genau erfragen. Gilt doch die wichtige **Reiseregel:** Es kommt immer ganz anders, als man denkt und plant. Wer mit einer Organisation fliegt, ist meist unflexibel, was Änderungen angeht.

## Gepäcklimit

Das **Gepäcklimit** der Fluggesellschaften liegt in der Regel zwischen 23 und 30 kg. Allerdings muss man das Gepäck ja auch schleppen – daher sollte man versuchen, sich auf höchstens 20 kg zu beschränken. Falls es doch ein bisschen mehr sein muss, sollte man die schweren Sachen (z. B. Bücher) ins Handgepäck packen. Wenn das Limit für das große Gepäck nicht überschritten wird, muss das Handgepäck meist nicht auf die Waage.

■ *Übersicht zu Freigepäckmengen:*
*www.freigepaeckgrenze.de*

## Ausweise, Dokumente und Geld

### Internationale Ausweise und Papiere

Um in Neuseeland Autos fahren zu können, braucht man entweder eine englische Übersetzung des gültigen deutschen Führerscheins oder einen internationalen Führerschein. Damit darf man dann bis zu 12 Monate in Neuseeland Auto fahren. Bei einem Aufenthalt von mehr als 12 Monaten muss man einen neuseeländischen Führerschein beantragen. Am besten besorgt man sich gleich einen internationalen Führerschein. Er wird vom Ordnungsamt ausgestellt. Für die Beantragung des internationalen Führerscheins benötigt man neben dem gültigen Führerschein den Personalausweis oder Reisepass und ein aktuelles biometrisches Passbild. Man kann den internationalen Führerschein sofort mitnehmen. Er ist in der Regel drei Jahre gültig, die Ausstellung kostet ca. 15 €.

Außerdem ist ein **internationaler Impfausweis,** den der Hausarzt gegen eine geringe Gebühr ausstellt, ratsam.

Einen **internationalen Jugendherbergsausweis** (Hostelling In-

**TIPP**

**Wichtige Kopien hinterlegen!**
*Von wichtigen Dokumenten – also Reisepass, Flugticket, Führerschein, Impfpass, Nothilfepass, Versicherungspolicen usw. – sollten Kopien gemacht werden. Ein Satz Kopien geht mit auf Reisen – separat von den Originalen aufbewahrt. Ein zweiter Satz bleibt bei der Kontaktperson. Für den Fall der Fälle ist es auch empfehlenswert, einen Scan dieser Seiten im Internet zu speichern (s. S. 86).*

ternational Card) beantragt man am besten gleich noch vor der Abreise bei einer der folgenden Institutionen:

- *Deutsches Jugendherbergswerk (DJH)*
  *www.jugendherberge.de*
- *Österreichischer Jugendherbergsverband (ÖJHV)*
  *www.oejhv.or.at*
- *Österreichisches Jugendherbergswerk (ÖJHW)*
  *www.oejhw.at*
- *Schweizer Jugendherbergen (SJH)*
  *www.youthhostel.ch*

## Kreditkarte

Wer noch keine hat, sollte sich unbedingt eine Kreditkarte besorgen. Sie macht das Reisen einfacher, wenn man z. B. einen Flug über das Internet buchen will oder ein Auto mieten möchte. Selbst beim Re-

---

**Dokumentenliste**

*Ebenfalls in mehrfacher Ausführung sollte man eine Dokumentenliste mit wichtigen Daten erstellen, wie beispielsweise:*

- *Ausweisnummern*
- *Bankverbindungen*
- *Geldkartennummern (Geheimzahlen höchstens verschlüsselt, z. B. in einer Telefonnummer, aufschreiben. Benutzt man die Karte der heimischen Bank lange nicht, kann diese Gedankenstütze sehr hilfreich sein.)*
- *Nummern der Reiseschecks*
- *Versicherungspolicennummern*
- *Karten- und Kundenkontonummer des Handys*
- *Telefonnummern für Notfälle, Verluste usw.*

servieren von Unterkünften wird manchmal als **Sicherheit** eine Kreditkartennummer verlangt. Auch zum Bargeldabheben am Automaten kann man die Kreditkarte nutzen. Mittlerweile gibt es zudem **Prepaid-Kreditkarten** (beispielsweise von Mastercard und Visa), auf die man einen bestimmten Geldbetrag laden (und auch nur diesen ausgeben) kann und die genau wie normale Kreditkarten akzeptiert werden. So behält man die Kontrolle über seine Finanzen.

Die in Neuseeland gebräuchlichste Kreditkarte ist Visa Card – aber auch mit der Mastercard kommt man gut zurecht. Eine von beiden Karten sollte man dabeihaben. American Express oder Diners Club werden seltener akzeptiert.

## Maestro-Karte (EC-Karte)

Die Bargeldabhebung vom deutschen Konto per Maestro-Karte ist an den Bankautomaten kein Problem. Allerdings sind pro Abhebung **Gebühren** fällig. Etliche Geldinstitute statten ihre Geldkarten mittlerweile mit der europäischen Bezahlfunktion **„V Pay"** aus (unbedingt darauf achten, ob die Karte ein solches Zeichen trägt). Dann kann die Karte in Neuseeland nicht genutzt werden. Nähere Infos dazu gibt es bei der Bank oder unter www.vpay.de.

**Notfallnummern bei Kartenverlust**
- *Maestro-Karte: +49 1805 021021 (in Deutschl. ohne Ländervorwahl)*
- *Visa Card: 0800 8118440 (in Deutschland), 0800 443019 (in Neuseeland)*
- *Mastercard: 0800 8191040 (in Deutschland), 0800 449140 (in Neuseeland)*

*Außerdem gibt es in Deutschland eine einheitliche Notrufnummer zum Sperren von elektronischen Berechtigungen bei Medien wie Kredit- und Mobilfunkkarten.*
- *Tel. 116 116*
- *www.sperr-notruf.de*

### TIPP
**Deutsche Bank – Westpac**
*Praktisch ist ein Konto bei der Deutschen Bank, die zusammen mit Westpac und anderen großen Finanzinstituten in einer globalen Geldautomaten-Allianz ist. Somit ist es möglich, mit einer Maestro-Karte der Deutschen Bank gebührenfrei in Neuseeland an einem Westpac-Automaten Geld abzuheben.*

### Bargeld

Etwas neuseeländisches Bargeld sollte man mitbringen, damit man die erste Fahrkarte, das erste Sandwich, die erste Übernachtung schon vor der Suche nach einem **Bankautomaten** bezahlen kann.

### Reiseschecks

Die Travelers Cheques von American Express (www.amex.de) bieten sich zur **finanziellen Absicherung** der ersten Wochen an. Im Gegensatz zum Bargeld sind sie versichert und man bekommt sie in der Regel innerhalb von 24 Stunden ersetzt. Allerdings werden die Reiseschecks nicht mehr in neuseeländischen Dollar ausgestellt. Eine Ausstellung in Euro oder US-Dollar ist daher am zweckmäßigsten. Beim Einlösen in Neuseeland können noch Gebühren anfallen. Kleinere Stückelungen sorgen dafür, dass man nie viel Bares mit sich führen braucht.

## Reisegepäck

Gleich als Erstes: Wenn man trotz gründlicher Planung und Packliste doch etwas vergessen hat, ist es nicht weiter schlimm. Man kann in Neuseeland (fast) alles kaufen – manchmal sogar günstiger als zu Hause. Solange man die **Kreditkarte** eingesteckt hat, ist man auf der sicheren Seite.

Man braucht für mehrere Monate oder ein Jahr nicht mehr Sachen als für einen ganz normalen **dreiwöchigen Urlaub.** Außerdem sollte man immer im Hinterkopf haben, dass man das Gepäck manchmal auch tragen muss. (Um das Wäschewaschen kommt man sowieso nicht herum.) Schwer ist vor allem „Papier", also Bücher, Prospekte usw. Deshalb sollte man auch nicht zu viel Lektüre mitnehmen. Eine gute Möglichkeit, günstig an neue Lektüre heranzukommen, sind die sogenannten *book exchanges*, die es in vielen Städten und Hostels gibt. Dort kann man kostenlos oder gegen geringe Gebühr sein ausgelesenes Buch gegen das durchschmökerte Exemplar eines anderen eintauschen. Und wem die Lektüre in Englisch am Anfang noch zu schwierig ist – ein deutschsprachiger Titel findet sich meist auch.

## Kleidung und Schuhe

Kleidung ist in Neuseeland nicht teurer als bei uns. Vor allem bei Badekleidung, Shorts und T-Shirts kann man beim Einkaufen sogar Geld sparen. Daher sollte man nicht zu viel davon einpacken. Irgendwann kann man die eigenen Klamotten sowieso nicht mehr sehen und wird sich das eine oder andere Teil kaufen wollen. Bei der Auswahl der Kleidung sollte man darauf achten, dass die Teile nicht viel wiegen. Also höchstens eine Jeanshose mitnehmen und keine dicken Wollpullover. Die Sachen sollten alle gut **kombinierbar** und bügelfrei sein und sich auf maximal zwei Waschmaschinenladungen (hell und dunkel) verteilen lassen. Was man in Neuseeland auf jeden Fall braucht:

**TIPP**

**Schnäppchen und Kleiderspenden**
*In den Opportunity-(„Opp-")Shops genannten Secondhand-Läden karitativer Hilfsorganisationen wie Salvation Army, St. Vincent de Paul, Red Cross u. a. kann man für ein paar Dollar Kleidung einkaufen (… und sie dort übrigens auch gern abgeben, wenn man etwas nicht mehr braucht). Einige Hostels haben mittlerweile Kleidertonnen, in die Backpacker nicht mehr benötigte Sachen ablegen können. Will die kein anderer Hostelgast, werden sie Wohltätigkeitsvereinen gespendet. Nicht selten bekommt man Sachen auch einfach von Mitreisenden oder Einheimischen geschenkt.*

- Einen **Fleece-Pullover.** In Neuseeland kann es richtig kalt werden.
- Da es manchmal heftig regnet, gehört ins Reisegepäck ein **Regencape** oder eine Jacke mit wasserabstoßenden Fasern.

06Sns Abb.: fo, © Jiri Foltyn - Fotolia.com

⌂ Gute Trekkingschuhe gehören auf alle Fälle ins Reisegepäck

■ Knöchel bedeckende **Trekkingschuhe** sind zum Wandern, für Farmarbeit und als Schutz in unbekanntem Gelände unverzichtbar. Sie sollten auf alle Fälle schon gut eingelaufen sein.

■ **Trekkingsandalen,** die man in Outdoorgeschäften kaufen kann, sind bei Reisenden sehr beliebt. Die Sandalen sind zwar teuer, aber bequem und ihr Geld wert.

■ Wer auch mal ausgehen will (Oper, Restaurant, Nachtklub) wird noch ein **weiteres Paar Schuhe** benötigen. Mit Turn- oder Trekkingschuhen ist man nicht überall willkommen.

■ **Badeschlappen** sind vor allem für die Benutzung von öffentlichen – leider nicht immer sauberen – Duschräumen äußerst praktisch.

■ Als vielseitig einsetzbar erweist sich ein **Sarong.** Nicht nur für Frauen als Kleidungsstück, sondern auch für den Strand, beim Picknick, als Schutz vor Sand oder Moskitos und sogar als Kopfbedeckung. Die schnell trocknenden Stofftücher gibt es auch in Neuseeland.

**Einige Dinge, die im Reisegepäck nicht fehlen sollten**

- *Taschenlampe*
- *Taschenmesser (nicht ins Handgepäck)*
- *Wecker oder Armbanduhr (bzw. Handy, aber daran denken, dass man vielleicht nicht immer Strom zum Akkuaufladen zur Verfügung hat) mit Weckfunktion*
- *Nagelschere und Pinzette (nicht ins Handgepäck)*
- *Näh-Set (Schere nicht ins Handgepäck)*
- *Ein kleines Schloss, das man oft für die Schließfächer in den Hostels braucht oder zum Verschließen der Reißverschlüsse am Rucksack nutzen kann.*
- *Nackenkissen (macht sich gut auf dem Flug und bei langen Bus- oder Zugreisen)*
- *Ersatzbrille bzw. -kontaktlinsen*
- *Erste-Hilfe-Set*
- *Gute Sonnenbrille*
- *Hut zum Schutz gegen die Sonne (mit breiter Krempe)*
- *Kleine Flasche Sonnenmilch für die ersten Tage. Danach kann man preiswerter in Neuseeland kaufen.*
- *Kosmetika sollten generell nur in kleinen Probefläschchen für die ersten Tage mitgenommen werden, sonst kommt man schnell über die erlaubten 20 kg Reisegepäck. Und immer nur in Plastikflaschen - kein Glas.*
- *Ohropax o. Ä.*
- *Papier-Taschentücher - gibt es in Neuseeland nicht so oft und wenn, dann sind sie teuer (üblicherweise sind die Tücher dort in einer Papierbox).*
- *Mikrofaserhandtuch (ist leicht, braucht wenig Platz und trocknet schnell)*
- *Einige Passbilder (für Ausweise o. Ä.)*
- *Fotos von der Familie und Freunden (man wird immer mal danach gefragt)*

**Aktuelle Bestimmungen zum Handgepäck**

- *www.handgepaeck-berater.de (Infos zu Sicherheitsvorschriften, Gepäck-Ratgeber und Einpacktipps)*

## Wertsachen

Auf die Mitnahme von **Wertsachen** sollte man möglichst verzichten. Gerade in Hostels muss man sehr aufpassen. Oft – aber leider noch nicht immer – gibt es dort Schließfächer. Für Geld und Geldkarten bietet sich ein **Geldgurt** an.

## Elektrogeräte

Für **elektrische Geräte** braucht man einen Adapter, neuseeländische Steckdosen sind dreipolig! Der Föhn kann aber zu Hause bleiben. Er nimmt nur Platz weg und man hat sowieso nicht immer Stromanschluss. Besser ist eine pflegeleichte Frisur. Im Zweifelsfall löst der Sonnenhut alle Frisurprobleme.

## Schlafsack

Wer zu Hause einen guten Schlafsack hat, sollte ihn mitnehmen. In vielen Hostels wird zwar Bettzeug gestellt – in manchen ist der eigene Schlafsack aus **hygienischen Gründen** sogar verboten –, aber eben nicht in allen. Dann kann zwar in der Regel einer ausgeliehen werden, aber das wird teuer. Außerdem ist im eigenen Schlafsack zu schlafen doch angenehmer. Auch wenn man sich spontan bei Freunden einquartiert, eine Campingtour oder eine lange Bus- oder Zugfahrt macht, leistet der Schlafsack gute Dienste.

## Campingausrüstung

Außer dem Schlafsack braucht man keine Campingausrüstung wie Zelt usw. nach Neuseeland zu schleppen. In jeder größeren Stadt gibt es **Fachgeschäfte** für Campingausrüstung. Die sogenannten *Disposal Shops* verkaufen zu guten Preisen. Teilwei-

se kann man Zelte und Campingzubehör sogar ausleihen. Oder man kauft gebrauchte Sachen anderen
Backpackern ab. Einfach in Hostels, Internetcafés
und Reisebüros an die schwarzen Bretter schauen
und sich umhören. Logisch, dass man die eigene
Ausrüstung am Ende noch zu barer Münze macht.

## Rucksack oder Koffer?

Auch wenn ein Koffer natürlich schicker aussieht:
Ein Rucksack ist und bleibt für Backpacker am prak-
tischsten. Manchmal muss man Gepäck durch un-
wegsames Gelände tragen und mit dem Rucksack
hat man dabei die Hände frei. Ein guter Kompro-
miss kann ein sogenannter **Kofferrucksack** sein,
der praktischerweise meist auch noch über einen
separaten Tagesrucksack verfügt, der am großen

◁ Ein Rucksack
ist für Backpacker
ein Muss

06 Ins Abb. ctw

⌂ Ein zusätzlicher kleinerer Rucksack ist die richtige Ausrüstung für Tageswanderungen

Rucksack festgemacht und für Ausflüge abgenommen werden kann. Welcher Rucksack am geeignetsten ist, findet man im **Outdoorgeschäft** heraus. Empfehlenswert ist auch ein **Flightbag,** der für den Flug über den Rucksack kommt. So ist dieser recht gut vor Transportschäden geschützt. Der Flightbag kann außerdem zum Extra-Gepäckstück umfunktioniert werden, wenn man z. B. kleinere Touren macht und einen Teil des Gepäcks umpacken will.

## Handgepäck

Hier eignet sich ein kleinerer, robuster Rucksack mit gepolsterten Tragegurten. In diesen Tagesrucksack kommt alles, was man unterwegs in Bus, Zug und Flugzeug oder bei einem **Tagesausflug** braucht. Beim Flug daran denken, dass weder spitze, scharfe, gefährliche Sachen noch größere Mengen Flüssigkeit im Handgepäck mitgeführt werden dürfen.

Wer nicht jeden Tag und Abend mit seinem Rucksack herumrennen will, wird noch eine kleine **Tasche** für den Kleinkram wie Geldbörse, Schlüssel usw. mitnehmen.

# Abschied

## Ruhe bewahren und vorfreuen

Und wie laufen die Vorbereitungen? Trotz all dem Stress sollte man zwischendurch einfach immer mal innehalten, durchatmen und glücklich sein. Schließlich bereitet man sich jetzt auf genau das vor, was man schon immer machen wollte. Also: Sich auf Neuseeland mit all den kommenden Abenteuern freuen und **Pläne schmieden** ist angesagt!

## Abschiedsfeier

Wird der **Bekanntenkreis** rechtzeitig informiert, kann man sicherlich mit einigen Unverständniserklärungen, aber auch etlichen Hilfsangeboten rechnen. Und letztere sollte man ruhig nutzen – schließlich wollen und werden ja alle Helfer Postkarten und Mitbringsel aus Neuseeland bekommen. Kurz vor der Abreise ist eine „offizielle" Abschiedsfeier recht praktisch. So hat man gleich viele Leute zusammen, kann sich von allen verabschieden und noch mal feiern.

## Abschiedsgeschenke

Freunde und Verwandte sollte man ausdrücklich bitten, von zu großen Abschiedsgeschenken Abstand zu nehmen. Ansonsten wird man zwar jeden Tag in Neuseeland beim Schleppen des Gepäcks an die Freunde daheim denken – aber nicht unbedingt mit großer Freude.

# Land
# und Leute

◁ Neuseeland hat reizvolle Landschaften zu bieten
(105ns Abb.: ctw)

## Geografie

Neuseeland ist mit einer **Fläche** von 269.000 km² etwas kleiner als Deutschland. Mit einer **Einwohnerzahl** von nur knapp über 4,6 Millionen Menschen ist es jedoch wesentlich dünner besiedelt. Das Land besteht aus zwei großen Inseln: der Nordinsel, die etwa 75 % der Bevölkerung beherbergt und der Südinsel. Die beiden Inseln, die in insgesamt 16 Regionen aufgeteilt sind, erstrecken sich in ihrer Länge über 1600 km.

**Wellington,** die Hauptstadt Neuseelands, befindet sich im Süden der Nordinsel und ist eine der vier großen Städte des Landes. Die größte und einzige Millionenstadt ist Auckland im Norden mit etwas über einer Million Einwohnern. Die beiden großen Städte der Südinsel sind Christchurch und Dunedin.

Die Landschaft der **Nordinsel** ist von lieblichen, grünen Hügeln geprägt. Den Kontrast dazu bieten einige, teilweise noch aktive, Vulkane, die hoch in den Himmel ragen und stellenweise von beeindruckenden Geysiren umgeben sind.

Die **Südinsel** hingegen ist landschaftlich etwas schroffer. Die Southern Alps ziehen sich von Norden nach Süden fast über die ganze Insel. Der höchste Gipfel der Bergkette und auch des ganzen Landes ist der Mount Cook mit 3724 m. Im Süden wird die Insel von der tief eingeschnittenen Küstenlandschaft, dem Fiordland, abgeschlossen.

## Zeitverschiebung

Neuseeland liegt auf der anderen Seite der Erde. Somit beträgt die Zeitverschiebung zur mitteleuropäischen Zeit (MEZ) während der neuseeländischen Sommerzeit zwischen Oktober und März + 12 Stunden. Zwischen März und September, der

# Regionen und Bevölkerungsdichte

0 ●▬▬▬▬▬▬ 200 km

© REISE KNOW-HOW 2016

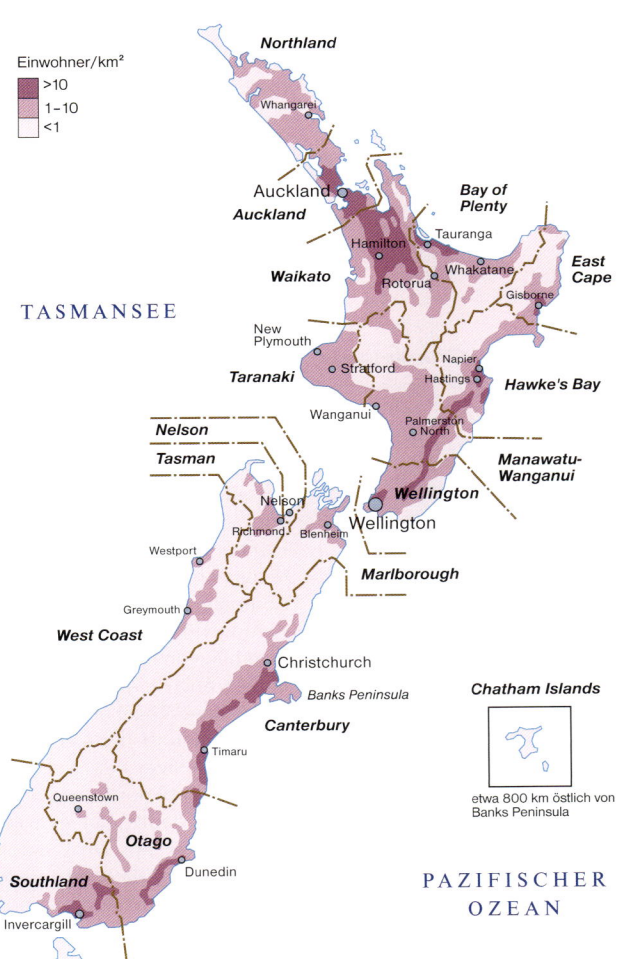

**Einwohner/km²**
- >10
- 1–10
- <1

Northland

Whangarei

Auckland
*Auckland*

*Waikato*

Hamilton

Tauranga

*Bay of Plenty*

Whakatane

Rotorua

*East Cape*

Gisborne

TASMANSEE

New Plymouth

*Taranaki*

Stratford

Napier
Hastings

*Hawke's Bay*

Wanganui

Palmerston North

*Nelson*

*Tasman*

*Manawatu-Wanganui*

Nelson
Richmond

Blenheim

*Wellington*

Wellington

Westport

*Marlborough*

Greymouth

*West Coast*

Christchurch

*Banks Peninsula*

*Canterbury*

Timaru

*Chatham Islands*

etwa 800 km östlich von Banks Peninsula

Queenstown

*Otago*

Dunedin

*Southland*

Invercargill

PAZIFISCHER OZEAN

Sommerzeit in Europa, beträgt der Unterschied nur 10 Stunden. Im Oktober gibt es einige Wochen, in denen sich die Sommerzeiten in Europa und Neuseeland überschneiden. In dieser Zeit sind die Neuseeländer den Europäern 11 Stunden voraus.

## Tier- und Pflanzenwelt

Neuseelands Flora und Fauna ist für zwei Dinge bekannt: Farne und Kiwis. Der **Kiwi** ist das Symbol des Landes. Er ist ein relativ großer, flugunfähiger Laufvogel mit zottigen braunen Federn und einem dünnen, langen Schnabel. Bevor Neuseeland von den Menschen besiedelt wurde, konnten er und andere Vogelarten sich ohne natürliche Feinde in diesem Land der Vögel frei entfalten. Doch die Einführung von anderen Tierarten, wie z.B. Hunden, durch die Europäer stellte für viele Vogelarten eine große Bedrohung dar. Dank zahlreicher Artenschutzprogramme kann man heute in Neuseeland jedoch immer noch einige einzigartige und seltene Vögel antreffen. Eine dieser Arten ist der **Kakapo,** der größte Papagei der Welt. 1995 sank die Zahl der Exemplare auf 50 Stück, heute gibt es wieder über 120 Kakapos. Ein weiterer interessanter Papagei und geradezu frecher Vogel, vor dem man eventuell warnen sollte, ist der **Kea.** Dieses äußerst intelligente und zutrauliche Wesen ist vor allem in alpinem Terrain anzutreffen. Er wird von allem, was aus Gummi ist, magisch

**Was sind Kiwis?**

*Kiwis sind ein Symbol Neuseelands – in jeder Hinsicht. Der Begriff ist allgegenwärtig und hat mehrere Bedeutungen. So gibt es einmal den Vogel, der unter anderem auf Geldscheinen, Münzen und Briefmarken abgedruckt ist. Dann gibt es natürlich die grüne Frucht, die in Neuseeland wächst und die wir alle aus dem Supermarkt kennen. Und zu guter Letzt, aber auf keinen Fall zu vergessen, die Neuseeländer selbst. Sie bezeichnen sich mit Stolz als Kiwis und viele umständliche oder lange Wörter können somit abgekürzt werden. Man sagt z.B. Kiwi Dollar anstatt New Zealand Dollar.*

087ns Abb.: me

◁ Kiwi360 – The World of Kiwifruit in der Nähe von Te Puke

angezogen. So kann es passieren, dass man auf einem Parkplatz sein Auto abstellt und dann zusehen muss, wie die Papageien sich über die Gummileiste hermachen, die die Windschutzscheibe abdichtet. Eine Erkundung der Vogelwelt Neuseelands lohnt sich allemal, ob Kiwis, Papageien, Pinguine, Tuis oder Albatrosse, sie sind alle höchst beeindruckend.

Doch auch im Wasser gibt es einiges zu sehen und zu erkunden, so kann man an felsigen Küsten auf Seehunde, Seelöwen, Seeleoparden oder Seeelefanten treffen. Etwas weiter draußen auf dem Meer gibt es verschiedene Delfinarten, Pottwale und Orcas zu beobachten.

Ansonsten kann beruhigend gesagt werden, dass es in Neuseeland keinerlei gefährliche oder giftige Tiere gibt.

## The Small Five

*Neuseeland hat fünf der bedeutendsten und seltensten heimischen Tierarten zu den „Small Five" ernannt. Sie alle kommen ausschließlich in Neuseeland vor.*

- *Das wohl bekannteste Tier der „kleinen Fünf" ist der für das Land so typische* **Kiwi**. *Es gibt fünf verschiedene Arten dieses zottigen, nachtaktiven Vogels, der nicht fliegen, dafür aber umso schneller laufen kann. Am einfachsten trifft man ihn am einsamen Strand von Mason Bay auf Steward Island an.*

- *Der* **Hector-Delfin** *ist mit nur ca. 1,40 m Länge einer der kleinsten Wale und gleichzeitig der seltenste Delfin der Welt. Er lebt vor der Küste der Südinsel und kann am besten bei einer Tour durch den Akaroa Harbour in der Nähe von Christchurch oder in der Porpoise Bay an der Catlins-Küste im Southland gesehen werden.*

- *Einer der seltensten Pinguine der Welt ist der* **Gelbaugenpinguin,** *auch Hoiho auf Maori genannt. Er brütet unter anderem in der Nähe von Dunedin an der Küste von Otago, wo man ihn auch am ehesten antreffen kann.*

- *Die* **Tuatara** *ist ein einzigartiges Überbleibsel der Vergangenheit – das einzige Reptil mit Schnabelkopf, das es noch gibt auf der Welt. Alle anderen verwandten Arten sind vor rund 65 Millionen Jahren ausgestorben. In der Wildnis lebt er auf Naturschutzinseln, wie z. B. Stephens Island in den Marlborough Sounds. Sehen kann man ihn in verschiedenen Einrichtungen wie z. B. ZEALANDIA in Wellington.*

- *Die intelligenteste Vogelart der Welt ist der* **Kea** *(siehe Foto unten). Dieser freche Papagei lebt auf der Südinsel in Waldgebieten oder alpinen Regionen. Keas sind sehr zutraulich und darum einfach anzutreffen. Sie haben eine Vorliebe für alles was, nicht niet- und nagelfest ist, also Vorsicht bei Lebensmitteln oder wichtigen Gegenständen wie Ausweisen.*

088ns Abb.: ctw

In der Pflanzenwelt ist die Vielfalt an Farnen beeindruckend. Wie der Kiwi ist auch der **Farn** ein Symbol des Landes und auf verschiedenen offiziellen Emblemen oder Logos wiederzufinden. In Neuseeland ist eine unglaubliche Anzahl von Farnarten beheimatet, die man teilweise in botanischen Gärten, aber auch in der Natur bei Wanderungen oder Spaziergängen bewundern kann. Eine andere besondere Pflanze Neuseelands ist der **Kauri-Baum.** Er kommt nur in Neuseeland vor und wächst auf der Nordinsel. Der größte bekannte Kauri-Baum steht im Waipoua-Wald nördlich von Auckland. Sein Name ist Tane Mahuta (Gott des Waldes). Er ist 51,20 m hoch und geschätzt ca. 1500 Jahre alt. Nach alter Überlieferung der Ureinwohner gilt er als Erschaffer der Erde. Weil Vater Himmel (Rangi) und Mutter Erde (Papa) sich zu Anfang so fest umarmt hatten, dass es kein Licht gab, fing er an zu wachsen und die beiden auseinander zu drängen. Das Licht konnte nun auf die Erde. Er war es auch, der die erste Frau erschuf (Hine), die er heiratete. Ihre Kinder waren die ersten polinesischen Menschen.

## Klima

In Neuseeland ist so manches anders. An Weihnachten wird in der heißesten Zeit des Jahres gegrillt und im Juli wird in weißem Pulverschnee Ski gefahren.

Da Neuseeland auf der Südhalbkugel liegt, sind dort die **Jahreszeiten** den unseren entgegengesetzt. So ist von September bis November Frühling, von Dezember bis Februar Sommer, von März bis Mai Herbst und von Juni bis August Winter.

Die Jahreszeiten wirken sich in den einzelnen Regionen des Landes unterschiedlich aus. Über die **Nordinsel** lässt sich sagen, dass die Sommer ange-

# Klimazonen

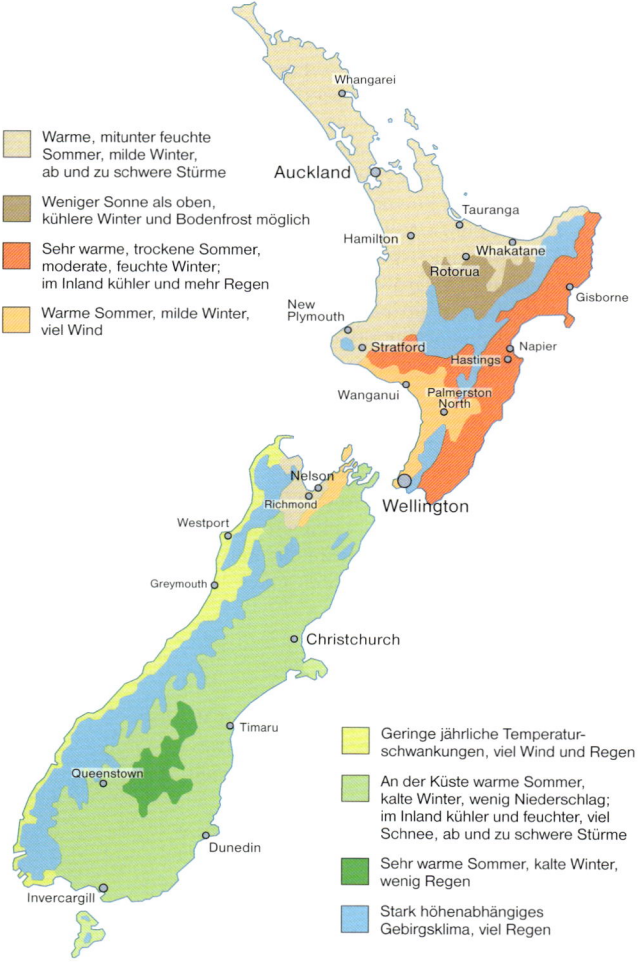

0 ━━━━━ 200 km
© REISE KNOW-HOW 2016

Warme, mitunter feuchte Sommer, milde Winter, ab und zu schwere Stürme

Weniger Sonne als oben, kühlere Winter und Bodenfrost möglich

Sehr warme, trockene Sommer, moderate, feuchte Winter; im Inland kühler und mehr Regen

Warme Sommer, milde Winter, viel Wind

Geringe jährliche Temperaturschwankungen, viel Wind und Regen

An der Küste warme Sommer, kalte Winter, wenig Niederschlag; im Inland kühler und feuchter, viel Schnee, ab und zu schwere Stürme

Sehr warme Sommer, kalte Winter, wenig Regen

Stark höhenabhängiges Gebirgsklima, viel Regen

Whangarei

Auckland

Tauranga

Hamilton

Whakatane

Rotorua

Gisborne

New Plymouth

Stratford

Napier

Hastings

Wanganui

Palmerston North

Wellington

Nelson

Richmond

Westport

Greymouth

Christchurch

Timaru

Queenstown

Dunedin

Invercargill

nehm warm und sonnig sind und die Winter mild und leider sehr verregnet. In den höheren Lagen auf den Vulkanen fällt Schnee. Im Norden der Südinsel können die Sommer sehr heiß werden und einige schwarze Bäume auf den Hügeln erinnern an die Buschbrände, die es durch zu lange Trockenheit und Hitze in der Vergangenheit bereits gegeben hat. **Gegen Süden** hin wird es immer kühler und an der Südspitze im Fiordland ist es ganzjährig sehr regnerisch. Die Region gilt als das regenreichste Gebiet Neuseelands. Die Winter auf der **Südinsel** verhalten sich proportional zu den Sommern, d. h., von Norden nach Süden wird es immer kälter, wobei man nur in den **Southern Alps,** die sich durch die Mitte der Insel ziehen, den eigentlichen, klassischen weißen Winter erleben kann. Die Bergkette trennt die Südinsel wie eine Wand in zwei Hälften, was einen interessanten Einfluss auf das Klima dort hat. Da die Wolken nicht über die hohen Gipfel gelangen, geht westlich der Southern Alps der ganze Regen ab. Somit ist die Region sehr feucht und bietet optimale Bedingungen für eine regenwaldartige Vegetation mit vielen Farnen. Die östliche Seite der Alpen hingegen geht fast leer aus. Da es dort sehr selten regnet, ist das Gebiet trocken und die Vegetation nicht so üppig.

**Land der Kontraste**

*Die sonnenreichsten Regionen in Neuseeland sind die Golden Bay und die Umgebung von Nelson im Norden der Südinsel. Hier scheint die Sonne bis zu 2500 Stunden im Jahr, fast doppelt so viel wie in Deutschland.*

*Die regenreichsten Gebiete sind die Westküste der Südinsel und das Fiordland an der Südspitze der Südinsel, letzteres ist sogar eines der feuchtesten bewohnten Gebiete der Welt. Hier regnet es im Durchschnitt an 182 Tagen im Jahr, was zu einem jährlichen Niederschlag von ca. 6813 mm führt. In Deutschland fallen im Durchschnitt nur etwa 870 mm im Jahr.*

## Naturgewalten

Neuseeland ist ein geologisch sehr aktives Land. Unter den beiden Inseln treffen die pazifische und die indo-australische Platte aufeinander. Da die Platten in Bewegung sind, führen diese Spannungen zu regelmäßigen Erderschütterungen, die sich in Erdbeben entladen können. Die letzten großen Erdbeben ereigneten sich im Februar 2011 in Christchurch sowie im April 2015 in der Nähe von Kaikoura.

Eine weitere Auswirkung dieser geologischen Aktivität findet man auf der Nordinsel, dort gibt es unzählige Vulkane und Geysire. Viele dieser Vulkane sind heute noch aktiv. Im August 2012 meldete sich beispielsweise der Mt. Tongariro zum ersten Mal seit 100 Jahren wieder zurück und bedeckte die gesamte Umgebung mit Vulkanasche, um kurz darauf im November erneut eine riesige Aschewolke auszustoßen, die zur Streichung von zahlreichen Flügen führte.

Eine weitere Naturgewalt, von der Neuseeland hin und wieder heimgesucht wird, sind Überschwemmungen. Vor allem in Küstengebieten kann es zu dieser Ansammlung von Wassermassen mit teilweise starken Auswirkungen kommen.

☑ Blick auf Queenstown und Lake Wakatipu von Bob's Peak

## Sonnenschutz

Hautkrebs ist ein ernst zu nehmendes Problem heutzutage. Besonders in Neuseeland sollte man sich davor schützen, da die UV-Strahlung dort durch das **Ozonloch** intensiver und aggressiver ist als in Europa. Selbst wenn das Wetter schlechter und der Himmel bewölkt ist, kann es leicht zu Sonnenbrand kommen. Darum ist unbedingt immer an Sonnenschutz zu denken. Eine Sonnencreme mit mindestens Lichtschutzfaktor 30 ist empfehlenswert. Für die Gesichtshaut ist sogar ein noch höherer Faktor ratsam. Sinnvoll ist es auch, nicht allzu knappe Kleidung zu tragen und seine Schultern mit einem T-Shirt, den Kopf mit einem Hut zu bedecken. Trotz allem darf man natürlich auch in Neuseeland die sonnigen Tage genießen. Mit den richtigen Vorsichtsmaßnahmen und ein bisschen Vernunft gibt es keinen Grund zur Panik.

### TIPP

**Sun Protection Alert**

*NIWA (National Institute of Water and Atmospheric Research) misst den UV Index, die Intensität der UV-Strahlung. In den Medien werden die Informationen zur UV-Strahlung dann als Sun Protection Alert veröffentlicht. Sobald der UV Index über 3 steigt (das Maximum liegt bei 13), wird darauf hingewiesen, zu welchen Tageszeiten Maßnahmen zum Schutz vor der Sonne notwendig sind und welche konkret ergriffen werden müssen. Weitere Informationen unter www.niwa.co.nz/our-services/online-services/uv-ozone und http://sunsmart.org.nz.*

089ns Abb.: ctw

## Reiseroute und Reisezeit

Generell kann man beide Inseln Neuseelands **ganzjährig** bereisen. Lediglich auf der **Nordinsel** ist der Winter ziemlich verregnet. Der Sommer hingegen ist sonnig und warm. Der Winter auf der **Südinsel** ist in den Alpen und im Süden unter Umständen sehr kalt. Im Norden hingegen sehr mild.

Da jeder eine unterschiedliche Vorstellung von Aktivitäten und Jobs hat, die er in Neuseeland machen möchte und damit auch unterschiedliche Ansprüche an Klima und Wetter mitbringt, kann man keine pauschale Empfehlung für die Reiseroute geben, sondern lediglich ein paar Anregungen.

**Feiertage in Neuseeland**
- *New Years Day (Neujahr): 1. Januar*
- *Day after New Years Day: 2. Januar*
- *Waitangi Day (Nationalfeiertag, Unterzeichnung des Gründungsdokuments Neuseelands): 6. Februar*
- *Good Friday (Karfreitag): beweglich*
- *Easter Monday (Ostermontag): beweglich*
- *ANZAC Day (Gedenktag für die gefallenen Soldaten): 25. April*
- *Queen's Birthday (Geburtstag der Queen): 1. Montag im Juni*
- *Labour Day (Tag der Arbeit): 4. Montag im Oktober*
- *Christmas Day (1. Weihnachtsfeiertag): 25. Dezember*
- *Boxing Day (2. Weihnachtsfeiertag): 26. Dezember*

**Schulferien in Neuseeland**
- *April*
- *Juni/Juli*
- *September/Oktober*
- *Dezember-Februar*

Wer gerne **Ski oder Snowboard** fahren möchte, ist im Winter auf der Südinsel am besten aufgehoben. Als Alternative kann auch auf der Nordinsel auf Vulkanen gefahren werden.

Für **Wanderungen** auf der Südinsel empfiehlt sich der Sommer, da das Klima dann milder ist und bei mehrtägigen Touren einfach angenehmer.

**Informationen zu Klima und Wetter**
- *www.metservice.co.nz*

**Jobs** findet man in den großen Städten ganzjährig, in kleineren Orten sind Arbeiten in der Gastronomie oder Tourismusindustrie saisonabhängiger, wobei eine wichtige Komponente auch die Schulferien der Neuseeländer sind, da sie sehr gerne im eigenen Land reisen.

**Erntehelferjobs** oder entsprechende andere Arbeiten in der Landwirtschaft gibt es ganzjährig verteilt über das gesamte Land.

⌄ Zwischen April und Mai beginnt auf der Nordinsel die Kiwierntezeit

090ns Abb.: dt. © Isabel Poulin – Dreamstime.com

# Die Neuseeländer

Die Einwohner Neuseelands bilden eine bunte Nationalitätenmischung. Hauptsächlich leben heute **Einwanderer** aus Europa in dem Land, mit der Zeit sind aber auch viele Asiaten auf den Inseln heimisch geworden. Auch die **Maoris,** die Ureinwohner Neuseelands, sind noch in Neuseeland heimisch und außerdem eine kleine Gruppe von Einwanderern von den Pazifischen Inseln. Somit ergibt sich vor allem in den Großstädten eine interessante kulturelle Mischung. Dennoch unterscheidet sich der Lebensstil eines Neuseeländers nur geringfügig von dem eines Europäers.

## Take it easy, bro

Doch diese Geringfügigkeit wird einem schnell auffallen. Die Kiwis sind der Inbegriff von **Ruhe und Gelassenheit.** Von Hektik ist höchstens in den großen Städten etwas zu spüren. Aber selbst dort fällt einem auf, dass die Zeit bei den Neuseeländern irgendwie anders tickt, sie scheinen einfach viel mehr davon zu haben.

Auch das optische Erscheinungsbild unterscheidet sich ein wenig von dem korrekten Bild, das wir in unserer Heimat gewohnt sind. Am liebsten laufen die Neuseeländer in **lässiger Freizeitkleidung** herum, Schuhe sind dabei optional. Ein Kiwi ohne Schuhe ist keine Seltenheit, ob beim Einkaufen im Supermarkt oder beim Bummel durch die Stadt. Lediglich in manchen Gebäuden wie Restaurants oder Kinos besteht „Schuhpflicht".

In ihrer **Freizeit,** von der sie versuchen so viel wie möglich zu haben, sind sie am liebsten an der frischen Luft, ob bei einem Barbecue im Garten oder einem Treffen mit Freunden im Park. Die Kiwis sind äußerst gesellig und ein Bier im Pub gehört genauso

**Literaturtipp**
*„Neuseeland Slang" von C. Daley und M. Lutterjohann, REISE KNOW-HOW Verlag, Bielefeld.*

dazu wie der **Sportbegeisterung** nachzugehen, die in jedem von ihnen steckt. Die Nationalsportarten Neuseelands sind Rugby, Kricket und Segeln.

## Sprache

In Neuseeland ist neben Englisch auch Maori als offizielle Sprache anerkannt.

Das **neuseeländische Englisch** ist relativ leicht verständlich, es gibt geringfügige Besonderheiten in der Aussprache wie z.B. die Vorliebe, bestimmte Vokale in die Länge zu ziehen.

Obwohl Englisch die dominierende Sprache ist, schätzt man, dass rund 130.000 Menschen fließend **Maori** sprechen. Auch den Reisenden bleibt die Sprache der Ureinwohner nicht verborgen, schon am Flughafen stehen Schilder,

**Maori – Deutsch**
*Aotearoa – Neuseeland*
*Kia ora! – Hallo!*
*Kia ora tatou! – Hallo alle zusammen!*
*Haere mai! – Willkommen!*
*Haere ra! – Auf Wiedersehen!*
*Kei te pehea koe? – Wie geht es?*
*kei te pai – gut*
*tino pai – sehr gut*

☑ Der Ortsname dieses Maori-Dorfs ist sage und schreibe 37 Buchstaben lang

091ns Abb.-ctw

die einen auf Maori begrüßen und an den meisten Ortsein- und -ausgängen ebenso.

Die Nationalhymne wird bei feierlichen Anlässen, sei es eine Sportveranstaltung oder Ähnliches, immer in beiden Sprachen gesungen. Radio- und Fernsehsendungen gibt es sowohl auf Englisch als auch auf Maori.

## Umgang mit Touristen

Die Neuseeländer sind ein unglaublich **offenes und herzliches Volk.** Da sie selber gerne reisen, sind sie weltoffen und neugierig. Weil sie auch sehr viel im eigenen Land unterwegs sind, sind sie sehr erfreut darüber, einige Tipps für die Weiterreise geben zu dürfen. Ihre **Hilfsbereitschaft** kennt fast keine Grenzen. Selbst wenn man sich gezwungen sieht aufgrund einer misslichen Lage an der Haustür eines Fremden zu klingeln und ihn um Hilfe zu bitten, so öffnen einem vielleicht zu Anfang ein Paar überraschter Augen die Tür, die aber schnell das Problem erkennen und man garantiert mit Hilfe rechnen kann. Aus einem Fremden wird ein Freund, der einem unter Umständen am Ende viel mehr Hilfe anbietet, als man eigentlich annehmen kann.

Des Weiteren kann man von Neuseeland sagen, dass ein nicht ganz kleiner Anteil der Geschäfte mit der Tourismusindustrie gemacht wird. Man hat sich auf den wachsenden Andrang der Reisenden eingestellt und **viele Attraktionen** errichtet. In einigen Orten wird man regelrecht

### How are you today?

*Immer wieder wird man die Frage „How are you?" hören. Jede Verkäuferin und jeder Rezeptionist sorgt sich anscheinend um das Befinden seines Mitmenschen. Allerdings ist die einzig richtige Antwort auf diese Frage ein „Fine, thanks" – auch wenn es einem gar nicht gut geht. Die Frage ist einfach eine Floskel und ihr sollte mit Gelassenheit und einem Lächeln begegnet werden. In Neuseeland ist es auch üblich, sich mit Vornamen anzureden. Verbunden mit dem automatischen Duzen im Englischen schafft das eigentlich recht schnell eine lockere und herzliche Atmosphäre.*

von den Angeboten erschlagen, sei es Bungeejumping oder Fallschirmspringen. In Neuseeland kann man alles machen, was das Adrenalin höher schießen lässt (s. S. 100). Vielerorts ist das Angebot so groß, dass es sich bei Interesse lohnt, die Angebote zu vergleichen und das günstigste herauszusuchen.

☐ Auf Tuchfühlung mit einem stolzen Maori-Krieger

## Die Maori

Vor über 1000 Jahren sind Maori mit Kanus *(waka)* aus ihrem **Heimatland Hawaiki** nach Neuseeland gekommen und haben sich in verschiedenen Stämmen über das ganze Land verteilt.

Heutzutage sind etwa 15 % der neuseeländischen Bevölkerung Maori. Sie leben in den Städten oder auf dem Land, integriert in die moderne Welt. Sie sind in allen Bereichen und Berufen anzutreffen.

Ihre Kultur und Sprache beeinflussen das Land auf vielen Ebenen. Die **Maori-Kultur** ist reich und vielfältig, sie reicht von Traditionellem bis zu Modernem. Traditionelle Kunst wie Schnitzen, We-

**Literaturtipp**
*„Maori für Neuseeland – Wort für Wort"* von *H. Puke* und *R. Harlow,* REISE KNOW-HOW Verlag, Bielefeld.

### Der Haka

*Der Haka bezeichnet eigentlich allgemein den Maori-Tanz. Es gibt verschiedene Hakas, die bei diversen Veranstaltungen oder Festen aufgeführt werden. Der populärste Haka ist der Ka mate, der Haka, den die All Blacks, das Rugby-Team Neuseelands, so berühmt gemacht haben. Die All Blacks führen vor jedem ihrer Spiele, sei es in Neuseeland oder im Ausland, bei Freundschaftsspielen oder Weltmeisterschaften, den Ka mate auf. Den Haka zu beschreiben ist schwierig, daher ist es auf jeden Fall empfehlenswert, sich den Haka der All Blacks einmal anzusehen, um die Macht und das Gänsehautgefühl des Tanzes selber zu erleben.*

*Der Autor Alan Armstrong versuchte den Haka mit folgenden Worten zu beschreiben:*

*„Der Haka ist eine Komposition gespielt von vielen Instrumenten. Hände, Füße, Beine, Körper, Stimme, Zunge und Augen, alle spielen ihre Rolle in der Verschmelzung, um die Herausforderung, das Willkommen, den Jubel, den Trotz oder die Verachtung der Worte in ihrer Gesamtheit zu überbringen."*

⌃ Maori-Kunst

ben, Gruppenaufführungen *(kapa haka)* und Täto-
wierungen *(moko)* werden immer noch, teilweise
nach traditioneller Art, im ganzen Land praktiziert.
Heutzutage umfasst die Maori-Kultur auch moderne Kunst, Film, Fernsehen, Literatur, Theater und
Hip-Hop-Musik.

Um ein bisschen mehr von der **Maori-Tradition**
mitzubekommen, bieten einige Tourunternehmen
Besuche in sogenannten *marae (Maori meeting
grounds)* an. Dort durchläuft man eine Begrüßungs-
zeremonie, um zu zeigen, dass man in Frieden gekommen ist. Schließlich wird man in das *wharenui
(meeting house)* eingeladen. Dort werden Reden
gehalten und Lieder gesungen. Nachdem man die
Gastgeber auf traditionelle Weise, durch das Anei-
nanderreiben der Nasenspitzen, begrüßt hat, ist
es üblich, dass die *manuhiri* (Gäste) ein *koha* (Geschenk) überreichen. Danach wird gemeinsam ein
Mahl eingenommen.

**Einige neuseeländische Orte und Dinge, die man gesehen haben sollte**

*Auf der Nordinsel*

- *Ninety Mile Beach:* Dieser Strand, der sich an der Westküste des Northlands erstreckt, ist trotz seines Namens eigentlich nur 88 km (55 Meilen) lang. Als Alternativroute zum Highway 1 ist er offizieller Teil des neuseeländischen Straßennetzes, die Befahrung des Strands erfolgt allerdings auf eigene Gefahr. Der Strand wird von riesigen Sanddünen geschmückt, die eher an eine Wüstenlandschaft erinnern.

- *Kauri-Bäume:* Im Norden kann man die Riesen unter den Bäumen, die Kauri-Bäume, bewundern. Sie erreichen Höhen von 50 m oder mehr und können einen Stammumfang von bis zu 16 m erreichen. Im Durchschnitt werden sie über 2000 Jahre alt. Der größte bekannte Kauri-Baum „Tane Mahuta" steht in Waipoua, er ist geschätzt ca. 1500 Jahre alt, misst stattliche 51,20 m und hat einen Stammumfang von 13,77 m.

- *Hot Water Beach:* Der Hot Water Beach befindet sich an der Westküste der Coromandel-Halbinsel, etwa 12 km von dem Städtchen Whitianga entfernt. Bei Ebbe kann man Löcher in den Sand graben, die sich dann mit ca. 60°C warmem Thermalwasser füllen, das aus zwei unterirdischen Heißwasserquellen herrührt. Gräbt man die Löcher groß genug, kann man sich hineinlegen und sich für einige Zeit entspannen, bevor die Flut die natürlichen Pools wieder überspült.

- *Rotorua Region:* Rotorua liegt in einem sehr aktiven geothermischen Gebiet, darum finden sich rund um die Stadt Geysire, Schlammtöpfe und heiße Quellen.

- *Mt. Ruapehu und Mt. Taranaki (bzw. Mt. Egmont):* Wer sich für Vulkane interessiert, sollte diese beiden gesehen haben. Der aktive Vulkan Mt. Ruapehu befindet sich im Zentrum der Nordinsel, sein letzter Ausbruch war im Jahr 2007. Die Besonderheit des Mt. Taranaki (oder auch Mt. Egmont genannt), der sich an der Westküste der Nordinsel befindet, ist seine perfekte Kegelform. Als einzeln stehender Vulkan ragt er majestätisch aus der sonst flachen Umgebung hervor.

*Auf der Südinsel*

- **Kaikoura:** *Diese kleine Stadt liegt an der Ostküste der Südinsel und bietet einem die Möglichkeit, eine Vielzahl von Seevögeln sowie Wale, Delfine, Seehunde, Seelöwen, See- Elefanten und Seeleoparden zu beobachten.*

- **Mt. Cook (Aoraki):** *Mit 3724 m ist er der höchste Berg Neuseelands. Es werden viele Aktivitäten ange- boten, um den Berg sowie den Mt. Cook National Park zu erkunden und auf ganz verschiedene Arten zu erleben. Es lohnt sich aber auch, einfach nur von unten einen Blick auf den mächtigen Berg zu werfen.*

- **Milford Sound:** *Der Milford Sound ist ein Fjord im Südwesten der Südinsel. Diese Region gilt als feuchteste Gegend Neuseelands und zählt sogar zu einer der feuchtesten der Welt. Mit Tausenden von Was- serfällen, die durch die zahlreichen Niederschläge entstehen und Hun- derte von Metern von den hohen Klippen hinab in die Tiefe stürzen, bietet der Milford Sound ein einzig- artiges Naturschauspiel.*

> Im Rotorua-Distrikt gibt es nicht nur Geysire, sondern auch schöne Wälder. Diesen Wasserfall findet man im Whirinaki Forest.

# Tipps zum Ein- und Überleben

◁ Face your fear – im Shotoverjet in Queenstown
(106ns Abb.: me)

Ein ruhiger Moment auf der Coromandel-Halbinsel in Tairua

## Erst mal „ankommen"

Die ersten Tage und Wochen sollte man sich Zeit zum „Ankommen" lassen, damit man ein **Gefühl** für Land und Leute bekommt, sich an den Dialekt der Neuseeländer gewöhnt und Leute kennenlernt. Danach kann man sich motiviert und offener an die Jobsuche oder die große Planung machen.

## Kommunikation

### Internet

In Neuseeland findet man selbst in entlegenen Orten Internetanschlüsse. Allerdings ist das Internet in Neuseeland langsamer und teurer als in Deutschland. Die Computer – es gibt auch noch Internetcafés – funktionieren zuweilen per Münzeinwurf oder mit Chipkarte, oft wird an einer Rezeption abgerechnet. Die **Preise** für die Internetnutzung variieren stark. Meist wird nach Zeittakten abgerechnet. Es gilt die einfache Regel, dass Konkurrenz das Geschäft belebt und die Preise senkt. In großen

095ns Abb.: ctw

Städten kann man z. T. zum Pauschalpreis unbegrenzt surfen.

Viele Backpacker-Reisebüros bieten Internetservice an. In **Hostels** hat man fast immer Internetzugang bzw. auch WLAN, allerdings zum Teil nur gegen (teilweise recht hohe) Gebühren. Kostenlose Angebote wie Internetzugang beim Einchecken oder tägliche Gratisminuten sollen gerade in Städten mit einem Überangebot an Hostels die Backpacker anlocken. Auch auf Bahnhöfen und Flughäfen findet man oft Gelegenheit zu einer schnellen E-Mail. Nicht zu vergessen sind die öffentlichen Bibliotheken.

Wer seinen Laptop, sein Tablet oder Smartphone dabeihat, findet vielerorts draht- und zum Teil auch kostenlosen Internetzugang. Die meisten i-SITE Visitor Information Centres stellen kostenloses

## TIPP

### Reisetagebuch

*Auch wenn man es sonst vielleicht nicht macht, das Führen eines Reisetagebuches lohnt sich. So hat man später noch den Überblick über die Stationen der Reise, kann Fotos und Erlebnisse leichter zuordnen oder einfach nur in Erinnerungen schwelgen.*

### Netzwerke, Blogs, Online-Fotoalben

*Wer Freunde und Verwandte mit Infos per Internet auf dem Laufenden halten will, kann sich ein Blog (z. B. www.travelpod.com, www.blog. de, www.wordpress.de) basteln bzw. seine Fotos oder Filme online stellen (z. B. www.instagram.com, www. flickr.com, www.youtube.de), ein Profil in Online-Netzwerken erstellen (z. B. www.facebook.de) oder twittern (www.twitter.com).*

WLAN zur Verfügung, genau wie Cafés und Gastronomieketten.

### Neuseeländische WLAN-Hotspots

- *www.zenbu.net.nz/new-zealand-wi-fi-hotspots*
- *www.wififreespot.com/aus.html*
- *www.hotspot-locations.com*

**TIPP**

**Preiswert nach NZ telefonieren**

*Für die Daheimgebliebenen und für Anrufe im Reisevorfeld: Anbieter günstiger Vorwahlen findet man z. B. unter www.billiger-telefonieren.de und www.teltarif.ch.*

Es gibt die Möglichkeit, sich über einen Drittanbieter (z. B. die neuseeländischen Firmen Zenbu, www.zenbu.net.nz, oder IAC, www.internetaccesscompany.co.nz) im **WLAN-Netz** ins Internet einzuloggen und dann je nach Datenvolumen zu zahlen. So arbeiten z. B. viele Campingplätze, Hostels und i-SITE Visitor Information Centres mit diesen Hotspot-Anbietern zusammen und man kann sich das Guthaben zum Surfen nicht nur online, sondern oft auch an der Campingplatzrezeption freischalten lassen. Da sich die technischen Möglichkeiten heutzutage rasant entwickeln, sollte man sich am besten vor Ort beraten lassen und sich in Internetforen informieren, um eine passende Lösung zu finden.

Etliche Anbieter von E-Mail-Services bieten auch (kostenlosen) **virtuellen Speicherplatz** für ihre Nutzer an. Oder man schickt einfach eine E-Mail mit einem Dokument als Anhang an die eigene Adresse. Das gilt für alle digitalisierbaren Dokumente von persönlichen Unterlagen bis hin zu Fotos oder auch Videos. So kann das eigene E-Mail-Konto auch noch als kostenloser Dokumentenspeicher fungieren.

### Dokumente und Fotos speichern

- *www.dropbox.com*
- *www.google.com/intl/de/drive*
- *www.mediafire.com*

# Telefon

### Telefonieren innerhalb Neuseelands

Spark New Zealand ist der Hauptanbieter für Telefondienstleistungen in Neuseeland. Das Land verfügt noch über ein ausgedehntes Netz von **Telefonzellen,** deren Anzahl aber rückläufig ist. Etliche Telefonzellen wurden mittlerweile zu WLAN-Hotspots mit einer Reichweite von bis zu 50 m umgerüstet. Die meisten akzeptieren gängige Kreditkarten und manchmal auch noch Münzen. Alternativ akzeptieren die öffentlichen Fernsprecher **Telefonkarten,** die einen Chip besitzen, auf dem das Guthaben gespeichert wird. Die Telefonkarten sind im Wert von 5 $, 10 $, 20 $ und 50 $ erhältlich. Man kann sie in einer Vielzahl von Geschäften wie z. B. Tankstellen, Supermärkten und Zeitungsgeschäften kaufen.

Viele Hostels haben einen **Telefonanschluss für die Gäste.** Von diesen Telefonen aus sind Ortsgespräche kostenlos. Auch haben diese Telefone eine Nummer, unter der man sich zurückrufen lassen kann. Für Ferngespräche von solchen Anschlüssen gibt es sogenannte **prepaid phonecards** (siehe Kapitel „Telefonieren nach Hause").

### Telefonieren nach Hause

Mit den *prepaid, calling* oder *international phonecards* ist ein Anruf nach Hause recht preiswert. Es gibt etliche Anbieter solcher Karten mit Tarifen, die man vergleichen muss.

Zuerst wählt man sich gebührenpflichtig ins örtliche oder neuseelandweite Netz des Kartenanbieters ein und gibt dann die PIN der Karte ein. Es ist auch die Einwahl über eine gebührenfreie 0800er Nummer möglich oder man installiert eine App auf

**Telefongesellschaften in Neuseeland**
*Informationen zu Verträgen, Karten und Tarifen:*
- *www.vodafone.co.nz*
- *www.spark.co.nz*
- *www.skinny.co.nz*
- *www.2degreesmobile.co.nz*

**Unentgeltlich Nachrichten verschicken und telefonieren**

*Verschiedene Anbieter ermöglichen es, ohne zusätzliche Gebühren Textnachrichten und Dateien zu verschicken und Telefonate zu führen. Die Apps fürs Smartphone lädt man sich je nach Betriebssystem aus dem Play Store von Google, dem iTunes Store oder dem Windows Phone Store. Nähere Infos auf den Anbieterwebsites: z. B. www.whatsapp.com, www.skype.de, www.viber.com, https://telegram.org.*

**Tarifvergleich bei Mobiltelefonen**

*Die Website von WhistleOut hilft beim Tarifvergleich, wenn man sich in Neuseeland ein Mobiltelefon oder eine SIM-Karte zulegen will. Neben dem Preis sollte man auch auf die Netzabdeckung achten! www.whistleout.co.nz*

seinem Handy, mit der man dann das Guthaben der Prepaid-Karte abtelefonieren kann. Die eigentlichen **Gesprächsgebühren** richten sich auch nach der entsprechenden Einwahl zur Telefongesellschaft. Die **Telefonkarten,** die es z. B. in Zeitungsläden ab einem Wert von 5 $ gibt, können bei der Post, per Kreditkarte oder online wieder aufgeladen werden. In der Regel verfügen sie über einen integrierten Anrufbeantworter *(voicemail).*

### Handys und Smartphones

Wer sein Handy, in Neuseeland *mobile phone* genannt, von zu Hause mitbringt, kann sich eine neuseeländische **Prepaid-Karte** mit Telefonnummer kaufen, die man einfach gegen die deutsche SIM-Karte austauscht. Man sollte dabei aber daran denken, dass die auf der deutschen SIM-Karte gespeicherten Daten dann nicht benutzt werden können.

Die Anbieter solcher Karten sind unter anderem die genannten Telefongesellschaften (s. S. 87). Guthaben zum Wiederaufladen der Prepaid-Karten kann man online, telefonisch oder per SMS, aber auch in Zeitungsläden, Tankstellen oder Supermärkten erwerben.

Bei einem längeren Aufenthalt kann sich der Abschluss eines **normalen Kartenvertrages** mit günstigeren Tarifen lohnen.

## Post

### Postempfang

Post kann man sich **postlagernd** an das Hauptpostamt eines Ortes senden lassen. Das ist gut, um sich an Post aus der Heimat zu erfreuen, aber auch, um neuseeländische Dokumente wie z. B. die Steuernummer zu erhalten.

**Die neuseeländische Post**

*Auf der Website kann man nach Postcodes suchen, es gibt einen Post Shop Locator, Infos zu den Tarifen u. v. m. – www.nzpost.co.nz.*
*Die Post Shops bieten einen umfangreichen Service an. Unter anderem kann man hier seine Autos an-, ab- und ummelden.*

◁ Das Postamt in Arrowtown

POST AND TELEGRAPH

ARROWTOWN

Die **Anschrift** für postlagernde Sendungen sollte so aussehen:

**Hans MUSTERMANN**
(den Familiennamen groß schreiben, damit er nicht mit dem Vornamen verwechselt wird)
**Poste restante**
**Main Post Office**
**Wellington 6011**
**New Zealand**

Die **Postleitzahl** des jeweiligen Postamtes kann man im Postamt oder auf der Website der Post erfahren, und auch in Reiseführern nachlesen.

Auf dem Postamt kann die Sendung gegen Vorlage eines Ausweises abgeholt werden. Briefe und Päckchen werden einen Monat aufgehoben und anschließend an den Absender zurückgeschickt. Es ist auch möglich, sich die Post gegen eine Gebühr per **Nachsendeantrag** in eine andere Stadt weiterschicken zu lassen.

### Post- und Paketversand

Wer ein Paket nach Hause senden möchte, hat folgende Möglichkeiten:

- **International Express Courier** – per Kurier, die schnellste und teuerste Art (1–5 Arbeitstage)
- **International Courier** – etwas preiswerter und fast genauso schnell (2–6 Arbeitstage)
- **International Air –** per Luft (3–10 Arbeitstage)

## Bankkonto

Bei längerem Aufenthalt in Neuseeland lohnt sich die Einrichtung eines Bankkontos. (Das neuseeländische Konto vor der Abreise aufzulösen, ist problemlos.) Will man arbeiten, ist es sogar unbedingt

**erforderlich.** In der Regel wird das Geld heutzutage direkt auf ein Bankkonto überwiesen.

Bei der **Eröffnung des Kontos** sollte man sich beraten lassen, da die Konditionen je Kontoart variieren, manche Konten werden kostenlos angeboten. Online-Banking ist meist inklusive. Um ein Konto zu eröffnen, muss man sich ausweisen (Reisepass und meist noch ein weiteres Dokument wie der Führerschein) und einen *proof of residence* (eine bestätigte Postadresse) vorlegen. In der Regel reicht dafür die Adresse des Hostels bzw. der Nachweis, dass man an diese Adresse schon Post erhalten hat, oder eine Bestätigung, dass man dort übernachtet. Wer mit einer Organisation reist, kann sich von ihr eine Bestätigung ausstellen lassen und deren Büroadresse angeben. Manche Banken fragen in letzter Zeit genauer nach, ggf. muss man es noch bei einer anderen Bank probieren.

Man erhält eine **Bankkarte,** mit der man vom **Bankautomaten**

### TIPP

**Welche Bank?**

*Wichtig ist, das Konto bei einer überregional tätigen Bank mit vielen Filialen und Geldautomaten zu eröffnen. In Frage kommen die am Kapitelende genannten Banken. Die Kiwibank hat ihre Filialen in Postämtern.*

**Kontoeröffnung vor der Abreise nach Neuseeland**

*Westpac bietet die Möglichkeit, ein Bankkonto bereits zu Hause online ohne die Angabe einer neuseeländischen Adresse zu eröffnen. Nach der Ankunft in Neuseeland kann man seine Bankkarte in einer Filiale der Westpac gegen Vorlage des Reisepasses abholen (www.westpac.co.nz/fx-travel-migrant/moving-to-new-zealand).*

**Geld nach Neuseeland überweisen**

*Normalerweise fallen hohe Gebühren an, wenn man Geld von einem Land in ein anderes überweist. TransferWise bietet eine kostengünstige Lösung (www.transferwise.com).*

*(ATM – Automatic Teller Machine)* Geld abheben sowie in vielen Geschäften bargeldlos bezahlen kann *(EFTPOS – Electronic Funds Transfer at Point of Sale)*. In einigen Geschäften (z. B. Supermärkten) kann man sich beim Bezahlen mit EFTPOS gleich noch Bargeld auszahlen lassen *(cash out)*. Ist das Konto eröffnet, kann man fürs erste Reiseschecks einzahlen oder eine Überweisung vom deutschen Konto veranlassen. Das dauert etwa eine Woche. Eine wei-

tere Möglichkeit ist, Geld vom deutschen Konto per EC-Karte am neuseeländischen Bankautomaten abzuheben und bei der Bank gleich auf das Konto einzuzahlen (vorher informieren, ob das Abheben mit der Karte möglich ist!, s. S. 51). Die Maximalsumme je Auszahlung und die anfallenden Gebühren – auch für eine Überweisung – variieren je nach Bank.

**Überregional tätige Banken in Neuseeland**
- *Bank of New Zealand – www.bnz.co.nz*
- *ASB – www.asb.co.nz*
- *Westpac – www.westpac.co.nz*
- *ANZ – www.anz.co.nz*
- *Kiwibank – www.kiwibank.co.nz*

# Steuernummer

Um in Neuseeland arbeiten zu können, muss man eine **Steuernummer** (*IRD Number*) beantragen, das benötigte Formular erhält man auf der Website von Inland Revenue. Hat man die Steuernummer erhalten und beginnt ein Arbeitsverhältnis, füllt man vor Beginn eines jeden Arbeitsverhältnisses ein Formular aus, das man von seinem Arbeitgeber erhält. Daraus geht die Steuerklasse, in der man sich befindet, hervor und der Anteil, den man an Steuern zahlen muss. Die Steuerklasse ist unter anderem abhängig von dem geschätzten Jahreseinkommen und der Anzahl der ausgeübten Jobs.

Das neuseeländische Steuerjahr endet jeweils am 31. März und es ist grundsätzlich möglich, den **Tax Return** (eine Art Lohnsteuerjahresausgleich) zu machen. Das Formular hierfür ist auf der Website der Inland Revenue erhältlich. Da man allerdings als Backpacker keinen Steuerfreibetrag geltend machen kann, bekommt man nur einen Teil der gezahlten Steuern zurück. Wem es zu mühsam ist, sich

**Beantragung der IRD Number**

*Die IRD Number wird von der **Inland Revenue (Te Tari Taake)** vergeben. Sie kann erst beantragt werden, wenn man in Neuseeland ist. In der Regel dauert die Bearbeitung 14 Tage. Man braucht den Reisepass mit einem gültigen Working Holiday Visum, ein neuseeländisches Bankkonto, einen Adressnachweis (z. B. im Zusammenhang mit der Bestätigung des Bankkontos) und einen Nachweis der eigenen Steuernummer des letzten Landes in dem man steuerpflichtig war (z. B. Deutschland). Außerdem muss man eine Postadresse in Neuseeland angeben, an die die IRD Number geschickt werden soll. Das kann aber auch eine postlagernde Adresse sein.*

- *Das **Formular (IR 742)**, das ausgefüllt werden muss, um die IRD Number zu beantragen, kann von der Website der Inland Revenue heruntergeladen werden. Den schriftlichen Antrag schickt man zusammen mit Kopien des Reisepasses, des Arbeitsvisums, eines Dokuments der Bank, aus dem die Existenz des Kontos hervorgeht, dem Adressnachweis und der letzten Steuernummer an Inland Revenue, PO Box 39010, Wellington Mail Centre 5045.*
- *Website der Inland Revenue: www.ird.govt.nz. **Telefonische Auskünfte** bekommt man neuseelandweit und gebührenfrei unter Tel. 0800 377774.*
- *Es gibt auch einige Hostels oder Jobvermittlungen, die bei der Beantragung der IRD Number, z. B. beim Ausfüllen des Formulars, behilflich sind.*

selber durch das Formular zu arbeiten, kann sich an einen **Tax Agent** wenden. Diese kooperieren meist mit Jobagenturen, die sich speziell auf die Bedürfnisse von Backpackern und Fragen zu dieser Thematik eingestellt haben.

# Informationen

An **Informationsmöglichkeiten** mangelt es in Neuseeland nicht. In fast jedem Ort gibt es eine Touristeninformation. Die i-SITE Visitor Information Centres (www.i-site.org.nz), die offiziellen Informationsstellen Neuseelands, findet man an ca. 80 Orten im ganzen Land verteilt. Dort und in Hostels, Reisebüros, auf Bahnhöfen usw. bekommt man jede Menge Informationsblätter und Broschüren. Das Department of Conservation verbreitet Hefte mit Infos zu Flora und Fauna und regionalen Besonderheiten.

Außerdem erscheinen speziell für Backpacker **Magazine,** die kostenlos in Hostels und Infostellen ausliegen. Sie enthalten viel Werbung, aber auch brauchbare Tipps zu Unterkunft, Transport und Jobs.

- *TNT (www.tntdownunder.com)*
- *New Zealand Backpackers News*
  *(www.backpackersnews.co.nz)*

Auch **Reisebüros** gibt es speziell für Backpacker.

- *STA Travel (www.statravel.co.nz)*
- *Backpackers World Travel*
  *(www.backpackersworld.com)*
- *Nomads World (www.nomadsworld.com)*

## Sprachschulen

Besonders Leute, die einen attraktiven Job suchen, sollten sich in Bezug auf ihre Englischkenntnisse fit fühlen. Man darf nicht vergessen, dass die Konkurrenz auf dem Backpacker-Arbeitsmarkt in Neuseeland groß ist. Viele englische **Muttersprachler,** wie Briten und Iren, suchen nach Jobs und haben in vieler Hinsicht durch ihre Muttersprache bessere Karten. Auch Niederländer und Skandinavier sprechen in der Regel ein sehr gutes Englisch. Daher kommt vielleicht ein Sprachkurs zu Beginn des Neuseelandaufenthaltes in Frage. So lernt man gleich noch Leute kennen. Bietet die Sprachschule zudem Freizeitaktivitäten an, macht es am meisten Spaß. Fast alle größeren Sprachreiseveranstalter haben Neuseeland-Aufenthalte im Programm. Außerdem kann man sich im Internet über Sprachschulen informieren (www.languagecourse.net, www.coursefinders.com).

054ns Abb.: jk

# Kontakte

Leute kennenzulernen ist denkbar einfach, wenn man sich offen verhält. Gerade in Hostels herrscht dafür eine positive Atmosphäre.

⌄ Auf organisierten Ausflügen lernt man schnell Leute kennen

Einige Hostels bieten **Freizeit-angebote** wie Pubtouren (*pub crawls*) oder Ausflüge an, bei denen man schnell Bekannt-schaften schließen kann. An schwarzen Brettern findet man oft Nachrichten, dass Mitreisen-de gesucht werden. So kann man sich leicht die nächste Mit-fahrgelegenheit organisieren. Praktisch ist auch der Kontakt mit Backpackern, die gerade aus der Gegend kommen, in die man weiterreisen will. So kann man sich Tipps für gute Unter-künfte oder Jobangebote holen.

097ns Abb.: ctw

## Das leibliche Wohl

### Die neuseeländische Küche

Früher war die neuseeländische Küche stark von britischen Einflüssen geprägt. Mittlerweile haben die zahlreichen Einwanderer – vor allem aus dem asiatischen Raum – für mehr Vielfalt auf den Küchentischen und Speisekarten gesorgt. Trotzdem kann Fish'n'Chips quasi als das Nationalgericht der Neuseeländer bezeichnet werden. Fisch wird grundsätzlich gern und häufig gegessen und natürlich steht auch Lammfleisch oft auf dem Speiseplan. Generell wird in Neuseeland nach wie vor gern gehaltvoll gegessen. Man findet an so ziemlich jeder Ecke einen Take-away, der Fastfood anbietet.

☑ Fish'n'Chips werden in Neuseeland sehr gern gegessen

098ns Abb. ctw

## Lebensmittel einkaufen

Vor allem in den größeren Städten findet man die **Supermärkte** der Kette PAK'nSAVE. Hier hat man eine große Auswahl und die Preise sind günstig. Weitere relativ preiswerte, große Supermarktketten sind New World und Countdown. Es macht auf jeden Fall Sinn, sich nach Möglichkeit in den größeren Städten in diesen Supermärkten mit allem Wichtigen einzudecken. Die Ladengeschäfte kleinerer Ketten wie Four Square, FreshChoice und SuperValue sind meist etwas teurer, dafür aber auch in **kleineren Orten** zu finden. Natürlich ist das Angebot auch nicht so groß und die Geschäfte in den kleinen Orten haben nicht so lange geöffnet wie die Supermärkte in den größeren Städten, wo man in der Regel von 7 bis 22 Uhr einkaufen kann. Vorsicht auch bei den **Convenience Stores** (24/7), die rund um die Uhr offen, aber auch sehr teuer sind. In sogenannten Orchard Shops werden regionale Produkte angeboten – oft sehr günstig und in guter Qualität.

# Ausgehen

Wenn die Hostelküche mal kalt bleiben soll, kann man gerade **zur Mittagszeit in Pubs oder Cafés** gutes Essen zu meist recht günstigen Preisen erhalten. In Restaurants, besonders in den Großstädten, muss man dann recht tief in den Geldbeutel greifen.

In **Restaurants** ist es üblich, dass man einen Platz zugewiesen bekommt. Im Eingangsbereich weist dann ein Schild „Please wait to be seated" darauf hin. Gezahlt wird generell an der Kasse (die sich in der Nähe des Ausgangs oder an der Bar befindet). Oft wird dort auch bestellt und im Voraus bezahlt. Man bekommt dann ein kleines Schild mit einer Nummer, das man auf den Tisch stellt, an den das Essen

### Rauchen

*In Neuseeland erhält man Tabakwaren nur in Supermärkten und an Kiosken, und auch nur, wenn man mindestens 18 Jahre alt ist. Die neuseeländische Regierung hat so ziemlich alles zur rauchfreien Zone erklärt. In öffentlichen Gebäuden - auch in Firmen - darf auf keinen Fall geraucht werden. Auch Raucherzimmer z. B. in Restaurants sind nicht mehr gestattet. Wer unbedingt die ohnehin recht teuren Zigaretten rauchen möchte, muss vor die Tür. In der Regel gibt es ausgewiesene Raucherplätze - darauf achten!*

dann gebracht wird. Als Getränk kann man immer nach Leitungswasser fragen, das man umsonst bekommt und es wird auch nicht erwartet, dass man noch ein anderes Getränk bestellt. Trinkgelder sind eher unüblich.

Im **Pub** bestellt man sein Getränk immer am Tresen und bezahlt es auch gleich dort. Die Neuseeländer gehen sehr gern gemeinsam ins Pub und bestellen dann auch immer in Runden, d. h. jeder ist mal dran, für alle in der Gruppe ein Getränk zu bestellen.

Wer abends gerne länger ausgeht, sollte sich in die größeren Städte begeben und selbst dort wird meist nicht so lange gefeiert, wie man das von zu Hause kennt. In manche **Klubs und Discos** darf man erst ab 21 Jahren rein. Dafür wird aber in vielen Lokalen **Livemusik** gespielt – auch eine schöne Art der Unterhaltung.

### Alkohol

*In Neuseeland darf man Alkohol grundsätzlich erst mit 18 Jahren kaufen oder in Kneipen usw. konsumieren. In Supermärkten erhält man nur Bier, Wein und Sekt. Hochprozentigeres gibt es nur in Liquor Stores (auch bottle shop oder off licence genannt). Restaurants und Bars benötigen eine Alkoholausschanklizenz, um ihren Gästen Alkohol servieren zu können. Wenn sie eine solche Lizenz haben, erkennt man das am Eingang an dem Aufkleber „On Licence/Licensed" oder auch „Fully Licensed". Es gibt aber auch einige Restaurants, die selber keinen Alkohol verkaufen dürfen und daher oft nach dem System BYO (Bring Your Own) arbeiten. Man bringt als Gast seine alkoholischen Getränke (in der Regel Wein) selber mit und zahlt dann im Lokal nur eine Gebühr, die sogenannte corkage fee (Korkgeld) für das Öffnen der Flasche und die Bereitstellung von Gläsern.*

# Outdoorsport

Die Neuseeländer halten sich gern und oft im Freien auf und sportliche Aktivitäten in der freien Natur sind für sie selbstverständlich. Das Wetter und die schöne Landschaft bieten auch sehr oft einen guten Grund dafür.

Neuseeland ist ein **Wanderparadies** und man hat unzählige Möglichkeiten, das Land auf Wanderwegen zu Fuß zu erkunden – von kurzen Trails bis hin zu mehrtägigen Tourenstrecken ist alles dabei (s. S. 160).

Auch mit dem Fahrrad kann man das Land wunderbar entdecken. In den letzten Jahren ist **Mountainbiking** ein sehr beliebter Sport geworden. Es werden immer mehr Gebiete für Mountainbiker

◁ An der frischen Luft kann man viel Spaß haben

freigegeben. Auf der Website des Department of Conservation (www.doc.govt.nz) findet man Hinweise zu Radstrecken. Außerdem wurden die „Great Rides", ein nationales Fahrradwegnetz, ausgebaut (s. S. 165). Gerne gehen die Neuseeländer auch in die Berge zum **Bergsteigen** oder **Klettern.** Die Flüsse, Seen und Küsten bieten gute Bedingungen zum **Kajakfahren.** Und in den Wintermonaten laden die zahlreichen Skigebiete zum **Skifahren und Snowbarden** ein. Und wem das noch nicht aufregend genug klingt, der sollte nach Queenstown fahren ...

## Face your Fear

Adrenalinjunkies sind in Neuseeland goldrichtig, denn in Neuseeland liegt die „Adventure Capital of the World" – die Hauptstadt des Nervenkitzels – **Queenstown.** Eine unscheinbare Stadt auf der Südinsel, bekannt durch die zahlreichen Skigebiete, die sie umgeben, und das große Abenteuer, das sie birgt. Wer nach Queenstown kommt, ob unschuldig und ahnungslos oder auch schon hartgesotten und vorbereitet, wird erschlagen von den **zahlreichen Action-Angeboten,** die einen überhäufen. Queenstown ist die **Heimat des Bungeejumps.** Hier eröffnete A. J. Hackett 1988 den ersten kommerziellen Bungeejump, den Sprung von der 34 m hohen Kawarau Bridge. Heute bietet die Stadt noch weitaus mehr Jumps, darunter auch den höchsten Neuseelands, der sich mit 134 m, gesprungen aus einer Gondel, durchaus sehen lassen kann.

Neben dem Bungeejumping sind nicht nur klassische Sportarten wie Mountainbiking, Fallschirmspringen *(Sky Diving),* Rafting und Klettern in Queenstown heimisch, sondern auch weit exotischere Dinge wie **Jet Boating,** z. B. mit dem Shotover Jet auf dem Shotover River, der sich durch enge Schluchten windet, die per Boot und mit rasanten Geschwindigkeiten passiert werden.

Oder man versetzt sich in seine Kindheit zurück mit einer überdimensionalen Schaukel 400 m über Queenstown, der **Ledge Swing.**

Aber nicht nur in diesem Zentrum des Abenteuers ist der Nervenkitzel zu finden, sondern verteilt über das ganze Land. Auf seinem Weg durch Neuseeland wird man immer wieder über viel versprechende Bungeejumping-, Sky-Diving- und andere Angebote stolpern, die alle mit ihrer Einzigartigkeit aufgrund ihrer spektakulären Umgebung werben, wie z. B. Fallschirmspringen über dem Mt. Cook oder dem Lake Taupo. Aber nicht nur die außergewöhnlichen Örtlichkeiten, sondern auch die ausgefallenen Angebote selbst lassen einen aufhorchen. So gibt es in Auckland zum Beispiel den **Sky Jump,** mitten im Zentrum der Millionenstadt, ein senkrechter Sprung von dem Sky Tower, dem höchsten Gebäude der Südhalbkugel. Oder den **Auckland Bridge Climb,** eine Wanderung über die Stahlträger der Harbourbridge, die unter normalen Bedingungen für Fußgänger unpassierbar ist.

Die Wege, in Neuseeland seinen **Adrenalinspiegel** steigen zu lassen, sind beinahe unerschöpflich. Möglicherweise sind einige wenige Menschen immun gegen das atemberaubende Angebot, aber viele, viele werden infiziert von dem Fieber der Abenteuerlust – spätestens in Queenstown.

**Infos zu den Activities**

- *www.bungy.co.nz*
- *www.taupobungy.co.nz*
- *www.skydive.co.nz*
- *www.queenstownnz.co.nz* ➡ *Activities & Attractions*
- *www.shotoverjet.co.nz*
- *www.skyjump.co.nz/www.skywalk.co.nz*

## Sonderfälle und Schwierigkeiten

### Medizinische Versorung

Falls man in Neuseeland ein gesundheitliches Problem bekommt, geht man zu einem **Allgemeinarzt** (GP, General Practitioner), der dann ggf. an einen Facharzt überweist. Man muss die Arztgebühr sofort bezahlen. Die Gebührenquittung reicht man dann später bei seiner **Auslandsreise-Krankenversicherung** (s. S. 29) ein. Außerhalb der normalen Praxissprechzeiten wendet man sich an ein **Krankenhaus** oder eine After-Hours-Klinik. In Notfällen wählt man die landesweite Notrufnummer 111.

Rezeptfreie **Medikamente** sind in der Regel im Supermarkt erhältlich, Apotheken gibt es in fast jedem Ort.

**TIPP**
**Notruf**
*In Neuseeland erreicht man Polizei, Feuerwehr und Rettungsdienst landesweit unter Tel. 111.*

### Verlust von Dokumenten und Geldkarten

Wenn wichtige Dokumente abhanden kommen, sollte man sich als erstes an eine Polizeistation wenden. Dort wird ein **Polizeibericht** erstellt und eine Diebstahlanzeige aufgenommen. Mit diesen Unterlagen wendet man sich dann an die deutsche Botschaft in Wellington. In der Regel kann dort innerhalb eines Tages ein **vorläufiger Reisepass** (max. für ein Jahr gültig) ausgestellt werden. Es ist hilfreich, wenn man Kopien der Ausweisdokumente vorweisen kann (s. S. 49).

Kredit- und Bankkarten muss man sofort sperren lassen (Notfallnummern bei Kartenverlust s. S. 51) und Ersatz beantragen. Nach der **Telefonnummer zur Sperrung** der neuseeländischen Bankkarte erkundigt man sich am besten gleich beim Eröffnen des Kontos.

◁ Wenn man mit einer Panne liegenbleibt, kann man den AA Roadservice rufen

Steht man plötzlich ganz ohne finanzielle Mittel da, kann man sich beispielsweise über **Western Union** (www.westernunion.de) sehr schnell und problemlos Geld aus der Heimat an eine neuseeländische Filiale schicken lassen.

## Autopanne und Verkehrsunfall

Ist man mit einem Mietwagen unterwegs, wird man vom Autovermieter eine **Telefonnummer des Pannendienstes** für den Fall der Fälle mitgeteilt bekommen. Wer im eigenen Auto unterwegs ist, kann rund um die Uhr den **AA Roadservice** – die Pannenhilfe des neuseeländischen Automobilklubs – unter Tel. 0800 500 222 bzw. *222 per Handy kontaktieren. Ist man Mitglied der New Zealand Automobile Association (s. S. 152), wird der Service kostenlos angeboten. Ansonsten kann man per Kreditkartenzahlung vor Ort eine Mitgliedschaft abschließen. Mitglieder des deutschen ADAC erhalten eine Ermäßigung, wenn sie den Mitgliedsausweis vorlegen.

Wenn es zu einem Verkehrsunfall gekommen ist, sollte die Polizei benachrichtigt werden (Tel. 111).

# Geld verdienen und sparen

◁ Wenn die Reisekasse gefüllt ist, kann man tolle Ausflüge unternehmen (107ns Abb.: mg)

## Jobaussichten

Man sollte nicht mit zu hohen Joberwartungen nach Neuseeland reisen. Arbeit gibt es genügend, aber man muss sie finden und sollte sich für Hilfsjobs nicht zu schade sein. Es darf nicht vergessen werden, dass das Working Holiday Visum jungen Leuten gewährt wird, um die Finanzierung des Neuseelandaufenthaltes zu ermöglichen. Das Reisen steht dabei im Vordergrund. Etliche Unternehmen sind darum gar nicht an Backpackern interessiert, da sie davon ausgehen, dass die Reisenden nie besonders lange an einem Ort bleiben und sich die Arbeitsverhältnisse dadurch recht kurz gestalten werden.

Die meisten Jobs gibt es **in den großen Städten,** aber auch die meisten Arbeit suchenden Backpacker. Eine Alternative zu den Städten können **entlegene (remote) Gebiete** sein, in denen Leute normalerweise nicht länger als ein paar Tage bleiben wollen. Ist man bereit, sich für einige Wochen auf die Abgeschiedenheit einzustellen, kann man gutes Geld verdienen und tatsächlich sparen.

Wer, um seinen Lebenslauf aufzupolieren oder spezielle Arbeitserfahrung zu sammeln, unbedingt in einer bestimmten Firma oder Branche arbeiten will, sollte sich rechtzeitig im Vorfeld kümmern. Wenn man schon vor der Abreise **Bewerbungsschreiben** verschickt, hat man bereits erste Kontakte geknüpft. Ansonsten ist es am einfachsten, sich direkt vor Ort um einen Job zu bemühen.

Wichtig ist vor allem: **Dranbleiben!** Man muss sich aktiv kümmern, sich umhören, Aushänge regelmäßig ansehen, Kontakte knüpfen, Erfahrungen austauschen und immer wieder nachfragen. Das Klinkenputzen *(door knocking* oder *gate calling)* gehört dazu. Gut, wenn man flexibel ist und spontan reagieren kann. Überlegt man zu lange, freut sich der Nächste. In dieser Situation ist es sehr nützlich, ein Handy zur Verfügung zu haben und immer erreichbar zu sein.

Die **Bezahlung** hängt von vielen verschiedenen Faktoren ab. Es gibt in Neuseeland einen gesetzlichen Mindestlohn, der zurzeit 14,25 $ pro Stunde beträgt (Stand Ende 2015). In der Regel wird man als Backpacker zwischen 14,25 und 20 $ pro Stunde verdienen. Bei einem qualifizierten Job und entsprechender Berufserfahrung kann man aber mehr Geld fordern. Das Geld wird in der Regel im zweiwöchigen Rhythmus bezahlt, entweder per Überweisung auf das Bankkonto oder per Pay Check, den man dann bei der Bank einreichen muss.

◁ Auf Farmen gibt es immer viel zu tun

## Mögliche Arbeitsfelder

- **Farmwork:** Fruit picking und andere Jobs auf Farmen sind meist körperlich anstrengend bei zum Teil extremen Temperaturen im Freien.
- **Hospitality:** Dazu zählen Jobs im touristischen und gastronomischen Bereich, wie z. B. kellnern, arbeiten in Pubs oder Casinos, als Küchenhilfe (*kitchenhand*), Gästebetreuung oder Zimmerservice in Resorts, Hotels o. Ä. Kann man Berufserfahrung vorweisen, hat man gute Karten. Es werden aber auch ungelernte Kräfte eingestellt. Wer

072ns Abb. dt, © Markandcressie – Dreamstime.com

> Die Arbeit auf einem Weinberg ist körperlich anstrengend

mit Alkoholausschank zu tun hat, sollte klären, ob er dafür noch einen Lehrgang absolvieren muss *(Host Responsibility)*. Auch für die Arbeit in Spielcasinos ist eventuell eine Lizenz *(Casino & Gaming License)* nötig.

- **Nanny-Jobs:** Wie ein Au-pair betreut man in einer Familie Kinder und Teile des Haushaltes. Neben Kost und Logis gibt es noch Taschengeld.

- **Labour:** Bei Hilfsarbeiten auf Baustellen oder im Straßenbau muss man körperlich richtig zupacken. Die Bezahlung, erst recht für Handwerker mit Berufserfahrung, ist gut. Gerade in Christchurch werden für die Beseitigung der Erdbebenschäden und den Wiederaufbau Arbeiter gesucht.

△ Auf Baustellen – wie hier in Christchurch nach dem Erdbeben im Februar 2011 – kann man eventuell als Hilfsarbeiter anheuern

- **Nursing:** Arbeitskräfte im Medizin- und Pflegebereich werden ständig gesucht. Mit der entsprechenden Ausbildung findet man schnell eine Anstellung.

- **Sales/Telemarketing/Promotion:** Hier reicht die Palette vom Verteilen von Flyern über telefonische Kundenbefragung bis zu Verkaufsgesprächen in Fußgängerzonen. Wohltätigkeitsorganisationen suchen Leute, die Spenden sammeln.

- **Office Support:** Für Bürojobs werden gute Kommunikationsfähigkeit, Computerkenntnisse und eine bestimmte Anzahl von Anschlägen pro Minute beim Schreiben am Computer erwartet.

- **Accounting/Banking:** Mit Berufserfahrung im Bereich Buchhaltung und Finanzen hat man gute Chancen in den Citys als *temp (temporary worker)* eine Anstellung zu finden.

## Jobideen

Die schwarzen Bretter in Hostels, Internetcafés, Reisebüros etc. sind wichtige Informationsquellen für Jobangebote. Zusätzlich sollte man ein bisschen kreativ und verrückt sein und aus eigenen Fähigkeiten Jobs machen.

● Wenn man in **Hostels** nach Arbeit fragt, kann man nicht immer Geld verdienen, aber zumindest etliche Dollar sparen. Für einige Stunden putzen, Betten machen, Wäsche waschen oder Gäste begrüßen bekommt man freie Unterkunft.

**Die Skigebiete**

*Wer gerne Ski und Snowboard fährt oder es lernen möchte, kann auch versuchen, in einem der großen Skigebiete Arbeit zu finden. Die Arbeitsbereiche sind weit gefächert, von Jobs in der Gastronomie bis hin zum Parkplatzwächter. Die Jobangebote sind oft mit Unterkunft und kostenloser Liftkarte kombiniert. Bewerbungen unter:*

● *www.mtruapehu.com*
● *www.cardrona.com*
● *www.treblecone.com*
● *www.nzski.com*
● *www.snow.co.nz*

⌄ Am Mt. Ruapehu gibt es die Ski Areas Whakapapa und Turoa

074ns Abb.: dt, © Stas Kulesh – Dreamstime.com

### Zeitungen für die Jobsuche

*Die meisten und aktuellsten Stellenangebote für eine Region findet man in den Zeitungen. Sie ermöglichen einem auch, nach Stellen zu suchen, indem man eine Anzeige unter Stellengesuche aufgibt und darin mit seinen Qualifikationen und Fähigkeiten wirbt. In jeder großen Stadt erscheint mindestens eine Tageszeitung. Die meisten Jobangebote werden samstags veröffentlicht, einige auch mittwochs. Außerdem existieren noch eine Reihe wöchentlich erscheinender Regionalzeitungen. Wer Geld sparen will, kann die Zeitungen in der öffentlichen Bibliothek lesen, in einigen Hostels gibt es auch eine Tageszeitung, die der Allgemeinheit zur Verfügung steht. Allerdings muss man schnell sein und gleich anrufen oder sich vorstellen, wenn man ein passendes Jobangebot entdeckt hat.*

#### Nordinsel

- *The New Zealand Herald (www.nzherald.co.nz)*
- *The Dominion Post (www.dompost.co.nz)*
- *Waikato Times (www.waikatotimes.co.nz)*
- *Manawatu Standard (www.manawatustandard.co.nz)*
- *Taranaki Daily News (www.thedailynews.co.nz)*

#### Südinsel

- *The Nelson Mail (www.nelsonmail.co.nz)*
- *The Marlborough Express (www.marlboroughexpress.co.nz)*
- *The Press (www.thepress.co.nz)*
- *The Timaru Herald (www.timaruherald.co.nz)*
- *Otago Daily Times (www.odt.co.nz)*
- *The Southland Times (www.southlandtimes.co.nz)*

#### Backpackerzeitschriften

*Viele Jobagenturen, die sich auf kurzzeitige Jobs (short term job) und Gelegenheitsarbeit (casual work) spezialisiert haben, inserieren in den kostenlosen Magazinen.*

- Wer **Friseur** ist – oder zumindest Haare schneiden kann – bietet seine Dienste im Hostel für andere Backpacker an.
- Als guter **Koch** kann man für andere im Hostel mitkochen – und dafür einen Obolus verlangen.
- Bei großen **Veranstaltungen, Messen und Jahrmärkten** brauchen die Aussteller immer Helfer.
- Einige **Reiseveranstalter** machen sich die Fremdsprachenkenntnisse der Backpacker zunutze. Für die sprachliche Betreuung der ausländischen Touristen kann man Touren umsonst mitmachen und bekommt Essen und Unterkunft gestellt.
- **Autovermieter** brauchen in der Hochsaison mehr Personal, um den Fuhrpark zu reinigen.
- Wer ein eigenes Fahrrad hat, kann sein Glück in den größeren Städten als **Fahrradkurier** versuchen. Kurierfirmen stehen in den Gelben Seiten, einfach anrufen und nachfragen.

## Jobagenturen

In Neuseeland gibt es vor allem in den **größeren Städten** private Jobvermittlungsagenturen (*job, recruitment* oder *employment agencies*). Adressen findet man in den Gelben Seiten oder in Backpackermagazinen. Einige Agenturen haben sich auf die Vermittlung von Backpackern spezialisiert, andere kümmern sich um spezielle Berufsgruppen. Entweder zahlt man eine Bearbeitungsgebühr oder einen Mitgliedsbeitrag, um betreut zu werden.

**Einige Jobagenturen, die sich um Backpacker kümmern:**
- *Canstaff (www.canstaff.co.nz)*
- *Job Search (www.jobsearchnewzealand.com, in Kooperation mit Base Hostels, Trainingskurse im Angebot)*
- *Seasonal Solutions (www.ssco.co.nz)*
- *AWF (www.awf.co.nz)*

- *Extrastaff* (www.extrastaff.co.nz)
- *IT Talent Hub New Zealand* (http://ittalenthub.de, für IT-Spezialisten)
- *Tradestaff* (www.tradestaff.co.nz)
- *Providore Hospitality Staff* (www.providore.co.nz)
- *Kelly Services* (www.kellyservices.co.nz)

Wenn man sich bei einer Jobagentur vorstellt, ist der erste Eindruck entscheidend – egal ob man eine E-Mail schickt, anruft oder persönlich hingeht. Eine aufgeschlossene und motivierte **Ausstrahlung** ist wichtig. Bei einem persönlichen Gespräch zählt natürlich auch die äußere Erscheinung. (Wer im Servicebereich arbeiten will, sollte sowieso am besten eine schwarze Hose und schwarze Schuhe im Reisegepäck haben.) Der Agent bekommt den Lebenslauf und wenn möglich Zeugnisse in Englisch. Die Unterlagen sollten so gut sein, dass man dem Agenten in Erinnerung bleibt. Dazu trägt auch regelmäßiges Nachfragen bei.

**Jobinformationen im Internet**

- *www.workandincome.govt.nz*
- *www.backpackerboard.co.nz*
- *www.trademe.co.nz/jobs*
- *www.seasonaljobs.co.nz*
- *www.bbh.co.nz (➜ Notice Boards)*
- *www.seek.co.nz*
- *www.careers.govt.nz*

## Fruit picking

Nicht unbedingt der beliebteste – aber mit Abstand der häufigste – Job für Backpacker ist die Arbeit als **Erntehelfer.** Wenn man zur richtigen Zeit am richtigen Ort ist, findet man leicht Arbeit.

Es gibt sogenannte **Working Hostels,** die mit Farmern in Kontakt stehen und Jobs an Leute vermitteln, die sich im Gegenzug in diesem Hostel einquartieren. Auch in normalen Hostels findet man Aushänge, wenn Erntehelfer gesucht werden. In einigen Orten gibt es während der Erntezeit einen

## Fruit picking

> Endlos viele Weinpflanzen warten darauf, in Form gebracht zu werden

036ns Abb.: jk

**zentralen Treffpunkt,** an dem sich frühmorgens alle Arbeitswilligen einfinden. Die Farmer suchen sich ihre Arbeitskräfte aus und man kann gleich mitkommen. Bewährt man sich, ist man am nächsten Tag wieder mit dabei. Sind die Arbeitskräfte knapp, fahren die Farmer auch Hostels und Campingplätze an und fragen nach Helfern.

Andere Backpacker haben vielleicht schon einen Job und können dementsprechend Tipps zu den **Arbeitsbedingungen** geben – also immer nachfragen.

Die **Erntearbeit** unterscheidet sich hauptsächlich in selektieren oder abernten *(select picking oder strip picking),* vom Baum oder vom Boden ernten *(tree picking oder ground picking)* und

**TIPP**

**Hinweise zum richtigen Fruit picking**
*Bei der Erntearbeit sollte man unbedingt einiges beachten. Möglichst viel trinken, ordentlich mit Sonnenschutz eincremen (mehrmals!), einen Hut, festes Schuhwerk und nach Möglichkeit lange Hosen, ein langärmliges Hemd und Handschuhe tragen und die ersten Tage einfach durchhalten.*

**Jobs und Tipps für Fruitpicker**

- *www.picknz.co.nz (Auf dieser Website kann man sich auf einer interaktiven Karte anschauen, in welcher Gegend wann was geerntet wird. Zusätzlich gibt es viele weitere Infos rund ums Thema Erntearbeit.)*
- *www.seasonalwork.co.nz (Hier finden sich zahlreiche Jobangebote für arbeitswillige Backpacker.)*
- *www.pickingjobs.com/new-zealand (Hier findet man Jobangebote als Fruitpicker oder Farmhelfer.)*
- *www.neuseelandfuerdeutsche.com/erntekalender (Der Erntekalender zeigt, in welchen Regionen was angebaut wird und zu welcher Zeit dort viele Jobs verfügbar sind.)*

die Bezahlung nach Stundenzahl oder geernteter Menge *(per hour oder per volume)*.

Die Erntearbeit ist, besonders durch die **Witterungsverhältnisse,** die stark schwanken können, recht anstrengend. Mit etwas Glück ergattert man einen Sortier- oder Packjob im Arbeitsschuppen *(shed)* und kann somit seine Arbeit unabhängig vom Wetter verrichten.

# Bewerbungstipps

## Der Lebenslauf

Man muss sich in Neuseeland nicht für jeden Job mit einem Lebenslauf bewerben. Trotzdem sollte man auf alle Fälle zu Hause einen vorbereiten.

Der **englische Resume oder CV** (Curriculum Vitae) beginnt immer mit der aktuellen Situation. Nach den Angaben zur Person (Name, Date of Birth, Nationality, Marital Status etc.) folgt der zuletzt ausgeübte Job sowie weitere Tätigkeiten in rücklaufender Reihenfolge. Danach stehen Studien- und Schulabschlüsse, gefolgt von besonderen

**Abkürzungen aus Stellenanzeigen**

| | | |
|---|---|---|
| *approx* | *approximately* | *ungefähr* |
| *ASAP* | *as soon as possible* | *baldmöglichst* |
| *avail* | *available* | *vorhanden, verfügbar* |
| *cas* | *casual/casual work* | *gelegentlich/Gelegenheitsarbeit* |
| *CBD* | *Central Business District* | *Hauptgeschäftsviertel* |
| *con/cond* | *condition* | *Bedingung* |
| *CV* | *curriculum vitae* | *Lebenslauf* |
| *dept* | *department* | *Abteilung* |
| *enq* | *enquire* | *anfragen* |
| *excell/exc/ex* | *excellent* | *ausgezeichnet* |
| *exp/exper* | *experience/experienced* | *Erfahrung/erfahren* |
| *ft* | *fulltime* | *Vollzeit* |
| *hrs* | *hours* | *Stunden* |
| *mths* | *months* | *Monate* |
| *nec* | *necessary* | *notwendig, erforderlich* |
| *neg* | *negotiable* | *verhandelbar* |
| *pa* | *per annum* | *pro Jahr* |
| *perm* | *permanent/permanent job* | *Festanstellung* |
| *ph* | *phone* | *Telefon* |
| *pref* | *preferred* | *bevorzugt* |
| *prev* | *previous* | *bisherig, vorherig* |
| *pt* | *part-time* | *Teilzeit* |
| *pw* | *per week* | *pro Woche, wöchentlich* |
| *reqd/req* | *required* | *gefordert, vorgeschrieben* |
| *temp* | *temporary* | *temporär, befristet* |
| *wks* | *weeks* | *Wochen* |
| *wpm* | *words per minute* | *Wörter pro Minute (beim Tastaturschreiben)* |

Fähigkeiten (Computer- und Sprachkenntnisse etc.) und Interessen. Der Lebenslauf sollte maximal zwei Seiten lang sein. Ein Passbild ist bei Bewerbungen in Neuseeland nicht üblich.

Zum Schluss kommen noch **Referenzen.** Im englischsprachigen Raum sind sie üblich und gern

gesehen. Das können schriftliche Beurteilungen oder Kontaktangaben von Personen sein, die einen als Student, Azubi oder Arbeitnehmer gut kennen und einschätzen können. Bei Referenzen außerhalb Neuseelands die E-Mail-Adressen angeben.

⌃ Durch das Arbeiten auf Farmen lernt man nicht nur interessante Neuseeländer, sondern auch etliche Tiere kennen

Gute **Zeugnisse** können auch nicht schaden. Wenn man die wichtigsten ins Englische übersetzt, ist man auf der sicheren Seite. Ob es allerdings eine beglaubigte Übersetzung und beglaubigte Kopien sein müssen, ist fraglich. Bei den üblichen Gelegenheitsjobs braucht man sie nicht.

**Kopien** von Lebenslauf, Referenzen und Zeugnissen sollte man immer bereithalten. Nützlich ist auch die Speicherung der Daten, falls Änderungen notwendig werden. Entweder auf USB-Stick oder im Internet. Man kann sich den Lebenslauf einfach selber per E-Mail schicken – so hat man ihn für Online-

Bewerbungen gleich parat. Wer eine eigene Website oder ein Blog hat, kann die Daten natürlich auch ins Netz stellen.

## Das Anschreiben

Das Anschreiben sollte kurz gehalten werden und nie länger als eine Seite sein. Es ist die beste Möglichkeit, die **Aufmerksamkeit** und das Interesse des potenziellen Arbeitgebers zu erwecken. Wichtig ist, keinen Standardbrief zu verschicken, sondern individuell auf das Unternehmen oder die Jobagentur einzugehen. Man sollte kurz seine Fähigkeiten und Berufserfahrung hervorheben und dabei auf die Anforderungen der ausgeschriebenen Stelle, auf die man sich bewerben möchte, eingehen. Alternativ wird man das Arbeitsgebiet beschreiben, in dem man eine Beschäftigung sucht. Eine nette Dankeszeile für das Interesse und alle Kontaktmöglichkeiten dürfen nicht fehlen.

## Das Vorstellungsgespräch

Ob man zu einem Gespräch *(interview)* geladen wird oder sich initiativ vorstellt, ein **positiver erster Eindruck** ist entscheidend. Dazu gehört eine gepflegte Erscheinung und eine offene, selbstbewusste Haltung. Wer gut vorbereitet in ein solches Gespräch geht, hat schon halb gewonnen. Broschüren, Internetseiten oder auch die Stellenanzeige geben Auskunft über Firma und Arbeitsbereiche. Man sollte sich Fragen zurechtlegen, schon Antworten auf mögliche Fragen des Arbeitgebers überlegen, Blickkontakt halten und locker bleiben.

Wenn es doch nicht klappen sollte, weil z. B. gerade keine Stelle frei ist, kann man seine Kontaktangaben dalassen und ruhig nach Tipps und Empfehlungen für andere Jobs fragen.

# Wwoofing and Helping

Wwoofing ist eine wunderbare Möglichkeit zu reisen, Geld zu sparen und interessante Neuseeländer kennenzulernen. Wwoof steht für **World Wide Opportunities on Organic Farms** (etwa: weltweite Möglichkeiten auf ökologischen Bauernhöfen). Es bedeutet, dass man auf Farmen Unterkunft und Essen bekommt und dafür einige Stunden am Tag arbeitet. Man verdient dabei kein Geld. Trotzdem darf man nur mit einer Arbeitserlaubnis wwoofen.

Einen Mitgliedsantrag kann man über die Wwoof-Website oder in einigen Hostels oder Reisebüros stellen. Die **Mitgliedschaft** ist zu Beginn für 14 Monate gültig und kann dann jeweils um ein Jahr verlängert

◁ Und noch eine nette Farm-bekanntschaft

werden. Sie kostet ca. 40 $ (ausschließlich Online-Zugang) bzw. 57,65 $ (Online-Zugang, WWOOF Book und Versand des Buches an eine Adresse in Neuseeland), eine Verlängerung kostet pro Jahr 20 $. Im Buch bzw. in der Online-Datenbank stehen Adressen und Beschreibungen von über 1000 Gastgebern (*hosts*) aus ganz Neuseeland.

Nicht alle Farmen betreiben tatsächlich Land- oder Viehwirtschaft bzw. arbeiten streng biologisch. Manchmal kann eine „Farm" ein **Haus mit Garten** in der Stadt, ein **Familienbetrieb mit Ferienwohnungen** oder eine **Nudistenkommune** und der „Farmer" ein Künstler, Rettungssanitäter oder Yogalehrer sein.

Wenn man bei den Beschreibungen ein bisschen zwischen den Zeilen liest, wird man schnell merken, welcher Gastgeber zu einem passt. Es gibt **keinen Vertrag** zwischen Wwoofer und Gastgeber und die **Absprachen** erfolgen im gegenseitigen Einvernehmen. Man muss sich immer bewusst machen, dass die Gastgeber bereit sind, wildfremde Leute bei sich aufzunehmen und sollte sich dementsprechend respektvoll verhalten.

In den meisten Fällen wird man ganz selbstverständlich in den **Familien- und Farmalltag** integriert

▽ Ein Wohnwagen ist eine willkommene Unterkunft für Backpacker

und kann viel über die neuseeländische Lebensweise herausfinden. Viele Wwoofing Hosts sind sehr an kulturellem Austausch interessiert. Außerdem erhält man die Gelegenheit, sich so interessanten und nützlichen Dingen, wie Ziegen melken, Bäume pflanzen, Kuhtröge säubern oder Hühnerställe bauen, Gemüsegärten pflegen, Kochen oder anderen Haushaltsarbeiten zu widmen.

Im Durchschnitt werden vier bis sechs Stunden **Mitarbeit** am Tag erwartet. Die Mithilfe im Haushalt sollte selbstverständlich sein. Einige Farmen geben gewünschte Minimum- oder Maximumaufenthalte an. Ein Aufenthalt von nur ein bis zwei Tagen lohnt sich für viele Farmen nicht, da es einige Zeit braucht, bis der Wwoofer mit dem Farmalltag vertraut ist.

Hat man eine **schlechte Wahl** getroffen und fühlt sich auf der Farm überhaupt nicht wohl, ist man nicht zum Bleiben verpflichtet. Wenn die Bedingungen für Wwoofer dort wirklich schlecht sind, sollte man sich auch nicht scheuen und das „schwarze Schaf" WWOOF New Zealand melden.

■ *WWOOF, PO Box 1172, Nelson 7040, Neuseeland, Tel. +64 3 5449890, www.wwoof.co.nz*

### Andere Organisationen, die Hilfskräfte vermitteln:

■ *FHiNZ (Farm Helpers in New Zealand): Auf der Website kann für 25 $ ein Heft mit Adressen von 350 Hosts bestellt werden. FHiNZ, 41 South St, Palmerston North 4410, Neuseeland, Tel. +64 6 3541104, www.fhinz.co.nz*

## TIPP

**Richtig und rechtzeitig bewerben**

*Wenn man bei einem Gastgeber anfragt, sollte man das rechtzeitig tun. Gerade im Sommer und in beliebten Reisegegenden ist man meist nicht gleich bei der ersten Anfrage erfolgreich. Dass man die Anfrage persönlich und freundlich hält, sollte selbstverständlich sein. Man steigert auf alle Fälle seine Chancen, wenn man kurz etwas über sich, seine Fähigkeiten und Erwartungen erzählt. Als registrierter Wwoofer erhält man Zugangsdaten für den Mitgliederbereich auf der Wwoof-Website. Hier kann man die Profile der Gastgeber einsehen und sie bewerten. Auch kann man ein eigenes Profil anlegen, dass man up to date halten sollte, damit die Gastgeber sich vorab informieren können. Gute Bewertungen von Gastgebern helfen natürlich, den nächsten Host zu finden.*

■ *Help Exchange (HelpX):* Der Organisation geht es darum, Leuten mit WHV den kulturellen Austausch mit Einheimischen und praktische Erfahrungen zu vermitteln. Um die Datenbank mit den Einträgen der Hosts einsehen zu können, muss man sich registrieren. Will man das vollständige Angebot nutzen, braucht man eine Premier membership (20 Euro, gültig für 2 Jahre). www.helpx.net

## Volunteer work

Eine weitere Möglichkeit, die Zeit in Neuseeland sinnvoll zu nutzen und etwas für das Gemeinwohl zu tun, ist **Freiwilligenarbeit.** Es gibt verschiedene Organisationen, die Workshops durchführen und dafür fleißige Hände brauchen.

▷ Ganz so „steinzeitlich" läuft die Freiwilligenarbeit natürlich nicht ab

In Workcamps kann man gemeinsam mit Einheimischen und anderen Freiwilligen aus aller Welt aktiv die Umwelt schützen. Meist muss man allerdings einen Teil der Kosten für Unterkunft, Transport und Verpflegung selbst tragen. Als Gegenleistung gibt es dafür jede Menge Spaß, neue Kontakte und interessante Erfahrungen sowie ein gutes Gewissen.

Der New Zealand Trust for **Conservation Volunteers** ist Mitglied der International Conversation Volunteers Alliance und koordiniert und unterstützt neuseeländische Non-Profit-Organisationen.

■ *New Zealand Trust for Conservation Volunteers,*
  *www.conservationvolunteers.org.nz. Auf der Website*
  *findet man auch Links zu weiteren neuseeländischen*
  *Naturschutzorganisationen.*

## Kostenlose Übernachtungen

Welcher Reisende hat noch nicht den Begriff **„Couchsurfing"** gehört? Als Mitglied eines globalen Internetnetzwerkes von Reisenden kann man Kontakt zu anderen Mitgliedern aufnehmen und bei ihnen kostenlos übernachten, sich die Stadt zeigen lassen oder aber natürlich auch ihnen die eigene Bleibe als Übernachtungsmöglichkeit anbieten. Die Mitgliederzahlen in solchen

**Übernachtungsnetzwerke online**
■ *www.couchsurfing.org*
■ *www.hospitalityclub.org*
■ *www.globalfreeloaders.com*
■ *www.bewelcome.org*
■ *www.belodged.com*

Communitys wachsen nach wie vor rasant, allen voran die von CouchSurfing.org selbst, sozusagen Namensgeber dieser Art zu reisen, mit mehreren Millionen Mitgliedern. Es gibt aber auch noch andere erfolgreiche Netzwerke – die zum Teil weniger kommerziell arbeiten –, die alle die Welt etwas näher zusammenbringen und besser machen wollen. Durch gegenseitige Referenzen bzw. Bewertungen, aber auch Bürgschaften und Verifizierungssysteme sind die Netzwerke recht sicher.

Bereits seit 1949 gibt es Servas, eine **internationale Organisation,** die für Frieden und soziale Gerechtigkeit eintritt. Um Verständigung und Toleranz zwischen den Völkern zu verbessern, fördert sie Kontakte von Mensch zu Mensch. Auch in Neuseeland gibt es Gastgeber, die Servas-Mitglieder in ihrem Heim aufnehmen.

Um **Mitglied** zu werden, muss man mindestens 18 Jahre alt und tolerant sein und sich auf Englisch (für Neuseeland) unterhalten können. Die Gebühr für das Reisen mit Servas beträgt ca. 20 € zuzüglich des Fördermitglieds-Beitrages von ca. 10 €.

Etwa sechs Wochen vor der geplanten Reise sollte man mit dem zuständigen Servas-Koordinator Kontakt aufnehmen. Man kann auf der Website eine Datenschutzerklärung und einen Letter of Introduction (LoI) ausdrucken, in dem man Angaben zu seiner Person macht. Danach wird mit einem Interviewer ein **Informationsgespräch** durchgeführt. Der nach dem Gespräch bestätigte LoI wird mit einer Fotokopie und der Datenschutzerklärung an den zuständigen Koordinator geschickt. Dieser versieht den LoI, der als Ausweis gilt und ab Reiseantritt für ein Jahr gültig ist, mit Wertmarken und schickt ihn zusammen mit den Gastgeberlisten zurück. Man bekommt eine Liste der Gastgeber des Landes, das man bereisen will. Dort sind neben Adressen auch Fremdsprachenkenntnisse, Reiseerfahrungen, Interessen und Bedingungen der Gastgeber aufgeführt.

Wenn nicht speziell angegeben, sollte man sich mindestens einige Tage vor der geplanten Ankunft anmelden. Nicht immer klappt es gleich bei dem Host, den man sich ausgesucht hat. Gerade in populären Reisegebieten ist die Nachfrage größer als das Angebot, während sich Hosts in entlegeneren Gebieten mehr Gäste wünschen. In der Regel ist

man für zwei Nächte eingeladen. Der **kulturelle Austausch,** also das persönliche Interesse an dem Leben der Gastgeber und Gäste, soll im Mittelpunkt stehen. Wer nur eine kostenlose Unterkunft sucht, ist bei Servas an der falschen Stelle. Man sollte nicht mit leeren Händen zu Besuch kommen und sich selbstverständlich in den Alltagsablauf der Gastgeber integrieren. Vielleicht bringt man ein kleines Geschenk mit oder kocht ein typisches Gericht aus der Heimat. Wenn man die Gastgeberliste zusammen mit dem **Reisebericht** spätestens vier Wochen nach Reiserückkehr an Servas zurückschickt, erhält man die Pfandgebühr von 30 € für die Liste zurück. Es besteht zu keinem Zeitpunkt die Verpflichtung, selbst **Gastgeber** zu werden.

⌃ Der Unterkunftskomfort ist von Gastgeber zu Gastgeber ganz unterschiedlich

■ **Servas Germany,** *13437 Berlin, Thiloweg 7A, Tel. 0700 73782733, www.servas.de (mit Adressen der regionalen Koordinatoren)*

## Schnäppchen

Nach dem Motto: „Wer viel fragt bekommt auch viel Rabatt" sollte man immer nach Ermäßigungen *(discounts)* für Backpacker fragen. Die **YHA-, BBH- oder VIP-Cards** erweisen sich dabei als wahre Goldgruben. Auch ein **internationaler Studentenausweis** (ISIC, www.isic.de) kann hilfreich sein, da manche Institutionen Rabatte nur an Studenten geben. Auf jeden Fall bekommen Backpacker **Ermäßigungen** bei den großen Bus- und Zuggesellschaften, vielen Reiseveranstaltern, Autovermietungen, in einigen Geschäften für Outdoor Ausrüstung und Kleidung, Kinos, Museen, Ausstellungen, Cafés u. v. m.

Auch mit einer **Mitgliedskarte des ADAC, ÖAMTC oder TCS** kann man sparen. Die New Zealand Automobile Association bietet Mitgliedern anderer Automobilclubs Beratung und Hilfe bei technischen Problemen, Rabatte z. B. bei der Buchung von Unterkünften und kostenloses Karten- und Infomaterial. Günstig Autofahren kann man bei **Autovermietungen** mit einem **relocation car.** Wer den Wagen für den Vermieter an eine andere Vermietstation zurückfährt, zahlt nur einen Teil des normalen Mietpreises (z. B. www.transfercar.co.nz, www.apollocamper.co.nz/reloc.aspx, www.hippiecamper.co.nz/reloc.aspx, www.jucy.co.nz/jucy-deals/jucy-relocations).

Man sollte auch immer nach **Happy-Hour-Angeboten** (beispielsweise in Internetcafés und Pubs) Ausschau halten. In einigen **Bibliotheken** hat man sogar gratis Zugang zum Internet (meist mit vorheriger Anmeldung und Zeitbeschränkung). **Stempelkarten** sind in Neuseeland weit verbreitet. Für einige Male Internetnutzung oder Kaffeetrinken sammelt man auf seiner Karte Stempel und darf dann umsonst surfen beziehungsweise bekommt einen Kaffee gratis.

Für das leibliche Wohl kann man einiges an **Essen und Trinken** ergattern. So werden z. B. an den Universitäten oft neu auf den Markt gekommene Schokoriegel oder Ähnliches zum Probieren verteilt. Auch in den Supermärkten stehen fast immer kleine Werbestände, an denen man verschiedene Nahrungsmittel kostenlos testen kann. Etliche Hostels locken Gäste mit kostenlosem Frühstück (sehr beliebt sind Pancakes). Wer sich beim Karaoke (auch recht beliebt) mutig auf die Bühne wagt, bekommt nicht selten Getränkegutscheine. Oder man erledigt mal schnell den Abwasch eines Restaurants und bekommt dafür ein leckeres Essen und ein Bier. Bei Informationsabenden von Reiseveranstaltern wird meist mit *free (alcoholic!) drinks* gelockt.

**Schnäppchen im Internet**
- *www.lastminute.co.nz*

Und wer unbedingt mal wieder zum **Friseur** muss, kommt als Haarmodell nicht nur schöner, sondern vielleicht sogar ohne Bezahlung aus dem Salon.

Wer einen Job in einem Hostel hat oder anderweitig in der **Tourismusindustrie** tätig ist, hat oft die Möglichkeit, kostenlos oder für stark reduzierte Preise an Aktivitäten teilzunehmen, in anderen Hostels zu übernachten oder Autos bei Vermietungen zu erhalten. Wer also einen solchen Job hat, sollte einfach nachfragen, ob es Rabatte für ihn gibt oder ob er das Angebot kostenlos ausprobieren kann, um es später weiterempfehlen zu können.

Die **Supermärkte** locken ihre Kunden mit Kundenkarten. Auf bestimmte Produkte erhält man mit der Karte Rabatte oder man sammelt Punkte, die man später einlösen kann.

Außerdem bekommt man bei einigen Supermarktketten ab einer bestimmten Einkaufshöhe **Tankgutscheine,** mit denen man ein paar Cent günstiger tanken kann.

# Unterkünfte für Backpacker

◁ In diesem Hostel in Raglan kann man gut abhängen
(108ns Abb.: me)

## Hostels

### Arten von Hostels

Hostels – Unterkünfte für Backpacker – gibt es in Neuseeland jede Menge. Auch in kleinen Orten findet man fast immer eine Bleibe. Viele der Hostels sind in Netzwerken organisiert. So unterstehen die **YHA Hostels** der neuseeländischen Jugendherbergsorganisation (Youth Hostel Association), während z. B. die **BBH oder VIP Backpacker Resorts** unabhängige Backpacker Hostels (kurz: *Backpackers*) sind, die von ihren Eigentümern auch selbst bewirtschaftet werden.

Die **Ausstattung** und Atmosphäre der Hostels reicht von sehr groß bis ganz klein, von altmodisch bis modern, von familiär bis unpersönlich, von sehr ruhig bis partylaut und von steril bis dreckig.

**Suchmaschinen und Netzwerke**

- *Budget Backpacker Hostels* (www.bbh.co.nz): Netzwerk von über 260 Hostels. Die Mitgliedskarte sichert viele Vergünstigungen, beim Onlinekauf kann auch eine kostenlose SIM-Karte mitbestellt werden. Der BBH Guide, den man gratis bekommt, listet alle Hostels geografisch sortiert von Norden nach Süden auf, mit detaillierter Beschreibung und zuverlässiger Bewertung.
- *VIP Backpackers* (www.vipbackpackers.com): Die Mitgliedskarte bietet in der Regel die gleichen Vorteile und Vergünstigungen wie die BBH-Karte, es gibt jedoch wesentlich weniger Hostels, auf die zurückgegriffen werden kann.
- *Youth Hostel Association* (www.yha.co.nz): Die Mitgliedskarte, die bereits zu Hause erworben werden kann, verschafft zahlreiche Rabatte. Eine kostenlose Übersichtskarte listet alle YHA Hostels in Neuseeland.
- *Nomads* (www.nomadsworld.com)
- *Base Backpackers* (www.stayatbase.com)
- *YMCA* (www.ymca.org.nz)
- *YWCA* (www.ywca.org.nz)
- *Hostels weltweit* (www.hostelworld.com, www.hostels.com)

Die **Preise** variieren stark je nach Ausstattung und Lage von ungefähr 20 $ bis über 35 $, wobei der Durchschnitt etwa bei 25 $ liegt. Viele Hostels bieten günstige Wochentarife an. Allerdings bekommt man in der Regel keine Rückerstattung, wenn man seine Pläne ändert und vorzeitig auschecken will. Gute Hostels haben kein Problem damit, wenn man sich vor der Buchung und Bezahlung erst mal umschaut.

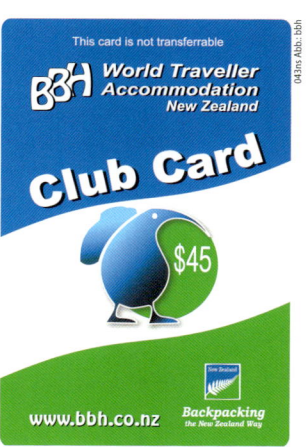

Oft hat man die **Qual der Wahl,** wenn es um die Unterkunft geht. Viele Hostels werben mit Flyern, Websites oder Anzeigen. Hilfreich sind die Empfehlungen anderer Reisender. Der **BBH Guide** für die Budget Backpacker Hostels ist in der Bewertung der Unterkünfte ziemlich zuverlässig, da die Ratings von anderen Backpackern per Umfrage ermittelt werden.

Ansonsten gelten die Regeln (die ohne Ausnahmen keine wären), dass Hostels im Stadtzentrum lauter sind als die am Stadtrand. In großen herrscht eine anonymere Atmosphäre als in kleinen. Werden Jobs vermittelt, geht es schon frühmorgens geschäftig zu. In **YHAs** wird man öfter auf Familien und ältere Reisende und damit eine andere Atmosphäre als in Backpacker-Hostels treffen.

◁ Die BBH-Mitgliedskarte ist eine wahre Goldgrube für Backpacker

Die Ausstattung der YHAs, die der Kontrolle des **Internationalen Jugendherbergsverbandes** unterliegen, ist meist sehr gut.

Die eigene Entscheidung richtet sich also nach persönlichen Ansprüchen und der Situation im Geldbeutel. Das teure, am besten ausgerüstete Hostel ist nicht immer die beste Wahl.

## Ausstattung

### Standardausstattung

Zur Standardausstattung eines Hostels gehören Rezeption, Gemeinschaftsküche, Aufenthalts- und Fernsehraum, Schlafräume, Waschräume und eine Möglichkeit zum Wäschewaschen. Viele Hostels bieten Internet- und Telefonzugang für die Gäste. Sogar hauseigene Cafés, Bars, Restaurants oder Reisebüros findet man in einigen Häusern.

Das Buchen von Touren wird oft auch an der Rezeption angeboten. Dort gibt es neben Stadtplänen, Broschüren und Tipps auch ein schwarzes Brett für Nachrichten, Gesuche und Angebote. Der 24-Stunden-Zutritt für Gäste *(no curfew)* – sei es durch einen Nachtportier, eigene Schlüssel oder ein Türschloss mit Zahlencode – ist mittlerweile Standard.

### Schlafräume

Die Schlafräume unterscheiden sich in:
- *dormitory*, kurz *dorm*
  (mit vielen Freunden)
- *share* (mit einigen Freunden)
- *twin* (mit einem guten Freund)
- *double* (mit einem sehr guten Freund)
- *single* (wenn man mal Ruhe braucht
  von all den Freunden)

Nicht jedes Hostel bietet jedoch alle Zimmervarianten. In den *dorms* stehen meist Doppelstockbetten *(bunk beds)*. Bietet ein Hostel verschieden große *dorms* an, wird man für ein Bett im 4er *dorm* etwas mehr zahlen als im 6er, 8er usw. (Skala der Bettenanzahl nach oben fast offen). Die 2er- und Single-Zimmer kosten entsprechend mehr als ein Bett im *dorm*. Während in den YHAs in der Regel getrennte Schlafräume für Männlein und Weiblein Vorschrift sind, gibt es in Backpacker Hostels oft gemischte

Schlafräume. Viele Hostels bieten aber einen extra Schlafraum nur für Frauen an.

### Küche

Die Küchen haben mehr oder weniger ausreichende Küchenutensilien zur freien Verfügung. Nach der Benutzung ist man angehalten, alles aufzuwaschen und zurückzustellen. Für die Lebensmittelaufbewahrung gibt es Regale und Kühlschränke. Alles soll in Tüten (in jedem Supermarkt wird man damit zugemüllt) verpackt werden. Die Hostels haben verschiedene Methoden, um sich vor faulenden Lebensmitteln zu schützen. Einige vertrauen auf die Beschriftung der Tüten mit Namen und Abreisedatum, andere auf die Beklebung mit bunten Punkten. Manche Kühlschränke oder Regale werden an einem festgelegten Wochentag leer geräumt. Sehr beliebt ist das Kostenlos-Fach *(free food shelf)* – bei den übriggebliebenen Speisen kann sich jeder bedienen.

Das Kochen in den Hostels ist normalerweise kein Problem. Herdplatten, Töpfe und Pfannen wird man immer vorfinden. Auch Wasserkocher und Toaster gehören zum Standard. Selbst eine Mikrowelle findet sich immer öfter in den Hostelküchen.

### Wäscherei

Die meisten **Waschmaschinen** in den Hostels *(laundry facilities)* waschen nur mit kaltem Wasser. Sie funktionieren per Münzeinwurf. Kleine Waschmittelpäckchen kann man vor Ort aus dem Automaten ziehen oder an der Rezeption kaufen. **Trockner** gibt es eigentlich auch immer. Sie nehmen ebenfalls Münzen – und nicht zu wenig. Meist kann man sich ein Bügeleisen ausleihen. Einige Hostels haben auch Wäscheleinen im Freien. Bei dieser kostenlosen Trockenmöglichkeit kommen aber leider ab und zu Kleidungsstücke abhanden.

### Reservierung und Einchecken

Es ist ratsam, ein Bett oder Zimmer einen Tag vor der Anreise zu reservieren. In Spitzenzeiten sollte das sogar 3–4 Tage vorher sein. Einige Hostels bieten einen kostenlosen **Abholservice** *(pick-up)* von Bus oder Bahn, den man bei der Reservierung vereinbaren kann. Beim Einchecken wird in der Regel ein **Pfand** *(key deposit)* von einigen Dollar für den Zimmerschlüssel bzw. die Chipkarte verlangt, den man beim Auschecken wiederbekommt. Pfand muss man manchmal auch für einen Satz Geschirr und Besteck hinterlegen.

### Sicherheit

Man muss in Hostels grundsätzlich immer gut auf seine Sachen aufpassen. Nicht nur Geld oder Kreditkarten, auch Kleidung, Bücher, Handys, Fotoapparate – also ziemlich alles, was nicht niet- und nagelfest ist – wird leider nur zu gern mitgenommen. Etliche Hostels haben in den Zimmern mittlerweile

062ns Abb.: mg

**Schließfächer,** die man mit einem kleinen Schloss absichern kann. (Es ist ratsam, immer ein kleines Vorhängeschloss dabeizuhaben, da es in einigen Hostels Spinde gibt, aber keine Schlösser dazu.) In einigen Hostels kann man Wertgegenstände an der Rezeption deponieren. Außerdem wird die Aufbewahrung von Gepäck angeboten, wenn man z. B. eine Tour unternimmt oder früh auschecken muss und erst später weiterreist.

# Camping

Zelten ist noch etwas preiswerter, als in Hostels zu übernachten. Man kann in sogenannten **Caravanparks** mit all ihren Annehmlichkeiten wie Rezeption, Toiletten mit Wasserspülung, Duschen, Waschmaschinen und meist auch Gemeinschaftsküchen oder zumindest öffentlichen Barbecues campen. Oftmals ist es auch möglich, dort preiswert sogenannte *cabins* zu mieten, das kommt einer Unterkunft in einem Dorm im Hostel gleich.

Des Weiteren gibt es über 200 **Campingplätze,** die von dem Department of Conservation (DOC) betreut werden. Die meisten von ihnen sind mit dem Auto erreichbar. Es werden sechs Arten von Campingplätzen unterschieden. **Serviced Campsites** (S), mit fließend warmem Wasser, spülbaren Toiletten, Duschen, Küche, Waschmaschine und Zugang für alle Fahrzeuge. Diese bewirtschafteten Plätze müssen im Voraus gebucht werden. Die **Scenic Campsites** (SC) sind in stark frequentierten Küstengebieten zu finden. Sie sind allerdings nicht so gut ausgestattet, z. B. gibt es nur kaltes fließendes Wasser, zu erreichen sind sie per Auto oder Boot. Nur einige dieser Campingplätze können vorreserviert werden. Die **Standard Campsites** (ST) haben – wie der Name schon sagt – lediglich eine Stan-

◁ Falls der Campingplatz keine Küche hat, wird einfach im Freien gekocht

**Camping**

dardausstattung bestehend aus Toiletten (meist ohne Wasserspülung), Wasserversorgung, Zugang für Fahrzeuge, Mülleimer und ggf. Picknicktische und Feuerstellen. Die einfachsten Plätze, **Backcountry Campsites** (BC) und **Basic Campsites** (B), haben eine Toilette und Wasserangebot, möglicherweise nur in Form eines Baches oder Sees. Darüber hinaus gibt es noch an die 60 **Great Walk Campsites,** die Zeltmöglichkeiten mit einfachster Ausstattung an den Great Walks (s. S. 162) anbieten. Diese Campingplätze müssen in der Regel im Voraus online unter booking.doc.govt.nz oder in einem DOC Visitor Centre gebucht werden.

Die **Preise** pro Nacht hängen von der Kategorie der Campsite ab. Plätze der Kategorie S kosten in der Regel 15 $ pro Person und Nacht. 10 $ zahlt man auf SC- und 6 $ auf ST-Plätzen. Campsites der Kategorie BC sind entweder kostenlos oder es wird eine geringe Gebühr von max. 6 $ erhoben. Die Campsites der Kategorie B sind immer kostenlos. Die Bezahlung erfolgt entweder direkt an einen Mitarbeiter vor Ort oder indem man auf den einfacheren Plätzen das Übernachtungsgeld in eine kleine Box legt.

Für **Reisende mit Wohnmobil** gibt es ein Angebot der New Zealand Motor Caravan Association (NZMCA): Sie bietet Mitgliedern möglich, wenn man auch zu Hause einer solchen Organisation angehört) für 175 $ einen Jahrespass oder für 100 $ einen Pass für fünf Monate an. Mit diesen Pässen können die meisten Plätze der Kategorie ST kostenlos genutzt werden. Reisende mit einem gemieteten Wohnmobil haben die Möglichkeit, einen Pass für sieben Tage zu kaufen (20 $ pro Person). Genutzt werden können damit die SC und ST Campsites.

In Neuseeland ist es auch erlaubt, „wild" zu zelten. Wo das **„Freedom Camping"** gestattet ist, kann man auf der interaktiven Karte der Website www.rankers.co.nz/respect überprüfen (s. dazu auch die

App „Official Camping NZ" auf S. 170). Des Weiteren gibt es eine Liste auf der Website des DOC mit Orten, an denen das Freedom Camping ausdrücklich verboten ist. Diese Gebiete, in denen das Zelten nicht erlaubt ist, sollte man unbedingt meiden, da bei regelwidrigem Campen mit einem Bußgeld in Höhe von mindestens 200 $ zu rechen ist. Sowieso sollte es selbstverständlich sein, dass man respektvoll und verantwortungsbewusst mit Mensch und Natur umgeht. Das haben sich in letzter Zeit viele Camper nicht bewusst gemacht und es gibt momentan eine große Debatte zum Freedom Camping – Ausgang offen ...

Wer gerne im eigenen Zelt oder Campervan übernachtet und dennoch nicht den **Komfort eines Hostels** missen möchte, kann in Neuseeland in vielen Backpackern sein Zelt im Garten aufschlagen bzw. seinen Campervan vor dem Haus parken. Zu einem günstigen Preis stehen einem dann die gesamten Einrichtungen des Hostels zur Verfügung.

- *Department of Conservation*, www.doc.govt.nz
- *The New Zealand Motor Caravan Association*, www.nzmca.org.nz

**Umweltbewusstes Camping**
- *www.camping.org.nz*

## Huts

Eine weitere Übernachtungsmöglichkeit bieten die zahlreichen **Hütten.** Das DOC betreut über 950 Huts im ganzen Land. Die Hütten haben verschiedene Größen und Standards und werden in vier Kategorien unterteilt. **Great Walk Huts,** hierfür schwanken die Preise pro Person pro Nacht zwischen 22 $ und 54 $ abhängig von der Saison. Bei den **Serviced**

**Weitere öffentliche Hütten**
*Unabhängig vom DOC gibt es einige Hütten von Vereinen, die auch für die Öffentlichkeit zugänglich sind:*
- *New Zealand Alpine Club*, www.alpineclub.org.nz

**Huts** bzw. **Serviced Alpine Huts** reichen die Preise von 15 $ bis 36 $. Die **Standard Huts** sind vom Komfort wesentlich eingeschränkter und preislich viel günstiger. Eine Nacht kostet in der Regel 5 $. Für die **Basic Huts** oder Bivvys werden keine Übernachtungskosten berechnet, sie sind oft nur Holzhütten ohne Einrichtung.

Die Great Walk Huts müssen im Voraus online unter booking.doc.govt.nz oder in einem DOC Visitor Centre gebucht werden, lediglich zur Nebensaison ist dies auf einigen Tracks nicht nötig. Hier gilt dann: Wer zuerst eintrifft, bekommt einen Platz in der Hütte. Alle Übernachtungen müssen jedoch im Voraus bezahlt werden. Wer dies versäumt, muss vor Ort mit einem Aufpreis von bis zu 100 % rechnen. Für die Serviced und die Standard Huts benötigt man einen **Backcountry Hut Pass,** der zum Preis von 122 $ oder 92 $ erstanden werden kann und für ein bzw. ein halbes Jahr gültig ist, oder Backcountry Hut Tickets für jeweils 5 $.

Bei der **Benutzung der Hütten** ist zu beachten, dass es sich um sehr einfache Unterkünfte handelt. Leintücher, Geschirr und Ähnliches gibt es in der Regel nicht, darum sollte man unbedingt einen Schlafsack, Kochutensilien und Klopapier mitbringen. Bedenken sollte man auch, dass der produzier-

☑ Backcountry Hut

063ns Abb. dt, © Jiri Foltyn – Dreamstime.com

te Abfall nicht vor Ort entsorgt werden kann, sondern mitgenommen werden muss. Einige Hütten sind nur saisonal geöffnet bzw. es besteht **Buchungspflicht,** darum sollte vor Beginn der Tour überprüft werden, ob die Hütte verfügbar ist.

## Mietwohnungn

Wer längere Zeit an einem Ort bleiben möchte, spielt vielleicht mit dem Gedanken, ein Zimmer zu mieten. Entweder für sich allein oder mit ein oder zwei Leuten zusammen, wie es gerade in den teuren größeren Städten oft vorkommt. Eine eigene Wohnung ist dort fast unerschwinglich. Mitbewohnergesuche, Zimmer- und Wohnungsangebote findet man an den schwarzen Brettern (auch in Unis schauen), in den Tageszeitungen (Wohnungsmarkt meist sonnabends) und im Internet.

**„shared accommodation" online**
- *www.easyroommate.co.nz*
- *www.trademe.co.nz/flatmates-wanted*
- *www.nzflatmates.co.nz*

## Sonstige Nachtlager

Natürlich gibt es noch viele weitere Möglichkeiten, um in Neuseeland zu übernachten, z. B. in Pubs, Lodges, Guest Houses und im Bed & Breakfast. Wem es im Zelt zu ungemütlich ist, der kann sich in den Caravanparks eine kleine Hütte *(cabin)* mieten.

**Suchmaschine für Unterkünfte**
- *www.jasons.co.nz/accommodation*
- *www.kiwiaccommodation.com*

**Privatunterkünfte**

*Private Unterkünfte, z. T. mit Kontakt zu Einheimischen:*
- *www.airbnb.com*
- *www.wimdu.de*
- *www.9flats.com*
- *www.kiwihousesitters.co.nz*
- *www.hippohomestay.com*
- *www.homestayfinder.com*
- *www.campinmygarden.com*

# Unterwegs in Neuseeland

◁ Vorsicht, zum Teil herrscht in Neuseeland
hohes Verkehrsaufkommen
(109ns Abb.: me)

## Den richtigen Weg finden

Wer in Neuseeland reisen möchte, wird eine Vielzahl von Möglichkeiten entdecken, wie er das Land erkunden kann. Durch die unglaublich hügelige Landschaft und die wenigen Tunnel und Brücken ist die Streckenführung der Straßen durchaus spektakulär, gleichwohl aber auch sehr kurvig. An hohe Geschwindigkeiten und ein schnelles Vorankommen ist dabei nicht zu denken. Ähnlich verhält es sich mit den Zugstrecken im Land. In Neuseeland, so scheint es, wurde nichts konzipiert, um von einem Ort schnell an den anderen zu kommen, sondern vielmehr, um die Zeit, die man für eine Reise beansprucht, zu genießen.

☑ Zu Fuß kann man Neuseeland eindrucksvoll erkunden

111ns Abb: me

Es gibt viele Wege, in Neuseeland zu reisen, sei es mit dem eigenen Auto, einem Bus, einer Tourgruppe, dem Flugzeug, Schiff, Fahrrad oder zu Fuß. Neuseeland ist das Land der kurzen Entfernungen, das auf jedem Kilometer Abwechslung und wunderschöne Landschaft zu bieten hat. Und am besten überlegt sich jeder selbst, wie er die enorme Vielfalt am liebsten an sich vorbeiziehen sehen möchte.

## Per Bus

Die **Fernbusse** (coaches) sind in der Regel die güntigsten und auch am meisten benutzten öffentlichen Verkehrsmittel. Ihr Nachteil ist, dass viele schöne Ecken des Landes leider nicht auf diesen direkten Routen liegen.

Die **größte Busgesellschaft,** die auf beiden Inseln Neuseelands verkehrt und auch weitgehend das ganze Land abdeckt, heißt InterCity. Auf der Südinsel bieten mehrere **kleinere Busunternehmen** den großen Paroli und offerieren in kleineren Bussen teilweise günstigere Tarife zu besseren Konditionen, wie zum Beispiel den *door to door service,* wo man von der Haustür abgeholt und bis vor das Haus der Zieladresse gebracht wird.

**Fahrkarten** erhält man in den Büros der Busgesellschaften, in Reisebüros oder direkt in den Hostels an der Rezeption. Bei einigen Busgesellschaften ist es auch möglich, die Tickets direkt über das Internet oder telefonisch zu erwerben. Man sollte die Fahrkarte aber nicht zu kurzfristig kaufen, denn in der Hochsaison kann es vorkommen, dass die Busse voll sind.

**Neuseeländische Busgesellschaften**
- *www.intercity.co.nz*
- *www.newmanscoach.co.nz* (Teil der InterCity Group)
- *www.intercity.co.nz/northliner* (Northliner Express ist Teil der InterCity Group)
- *www.nakedbus.com*
- *www.atomictravel.co.nz* (Südinsel)

## TIPP
### Die Busfahrten

*In den meisten Bussen ist das Essen und Trinken verboten. Lediglich Wasser ist an Bord erlaubt. Alle anderen Getränke und Nahrungsmittel sollten in den Gepäckfächern unter dem Bus verstaut werden. Zahlreiche Stopps und Pausen an Restaurants und Tankstellen bieten einem aber ausreichend Möglichkeit, kleinere oder größere Mahlzeiten zu sich zu nehmen. Bei fast allen Busgesellschaften gehören zu einer Reise durch Neuseelands wunderbare Landschaft auch die entsprechenden Informationen. So ist jeder Busfahrer gleichzeitig auch Reiseführer und erläutert manchmal mehr und manchmal weniger die Besonderheiten und Sehenswürdigkeiten auf der Strecke. In fast allen Bussen gibt es außerdem kostenloses WLAN.*

InterCity bietet speziell auf Backpacker zugeschnittene **Buspässe** an. Mit einem **„TravelPass"** kann man festgelegte Routen abfahren, wobei man unterwegs beliebig oft aussteigen und wieder einsteigen kann. Es sind zurzeit 14 verschiedene Travelpässe für Routen mit so verheißungsvollen Namen wie „Caves and Caverns", „Alps Explorer" oder „North Island Adventure" im Angebot. Je nach Route kann der „TravelPass" zusätzlich eine Fährfahrt mit Interislander zwischen Wellington und Picton sowie eine Zugfahrt mit dem TranzAlpine beinhalten. Die Travelpässe, die man bequem über das Internet oder telefonisch bestellen kann, sind für jeweils 12 Monate gültig (www.intercity. co.nz/bus-pass/travelpass).

Noch etwas mehr Flexibilität verspricht der **„FlexiPass"** – er ist ebenfalls 12 Monate gültig. Hier kauft man eine bestimmte Anzahl von Stunden als Reisezeit, angefangen bei 15 Stunden gibt es das Angebot in Fünferschritten aufsteigend bis zu 60 Stunden. Je mehr Stunden man kauft, desto günstiger wird es im Verhältnis. Sollte die Zeit abgelaufen sein, kann man den „FlexiPass" wie eine Telefonkarte wieder aufladen. Den „FlexiPass" kann man auch zur Überquerung der Cook Straight mit der Fähre oder für Tagestouren z. B. im Milford Sound nutzen. Dafür werden die jeweils benötigten Stunden vom Passguthaben abgezogen (www.intercity.co.nz/bus-pass/flexipass).

Travelpässe werden auch von anderen Busgesellschaften wie z. B. Nakedbus angeboten.

Sowohl für einfache Tickets als auch für die Bus-pässe gibt es mit einem BBH-, YHA- oder VIP-Aus-weis **Rabatte** von bis zu 15 Prozent.

Die Pässe werden namentlich ausgestellt, können nicht umgetauscht oder zurückgegeben werden und sind nicht übertragbar. Deshalb sollte man sich den Kauf, besonders bei den Routen-Pässen, vorher genau überlegen.

## Mit dem Zug

Es gibt drei besondere Zugstrecken in Neuseeland, die vor allem wegen ihrer **wunderschönen Stre-ckenführung** sehr zu empfehlen sind: Der „Nor-thern Explorer" von Auckland nach Wellington, der „Costal Pacific" von Picton nach Christchurch und der „TranzAlpine" von Christchurch nach Grey-mouth (s. S. 146).

Wer sich entscheidet in Neuseeland mit dem Zug zu fahren, sollte das nicht tun, um schnell von einem Ort zum anderen zu kommen, sondern vor allem, um die wunderschöne Landschaft der Inseln zu genießen. Darum ist es zu empfehlen, einen Zug zu wählen, der tagsüber fährt. Die Züge verfügen teilweise über große Panoramafenster, **bequeme Sitzecken und Speisewagen.** Alle Wagen sind voll klimatisiert. Tagsüber wird die Reise durch Neusee-land von dem Zugpersonal kommentiert, um die Reisenden über die Besonderheiten und Sehens-würdigkeiten der Strecke aufzuklären.

Es ist gut, rechtzeitig vor Abreise da zu sein, um einchecken und große Gepäckstücke in einem se-paraten Gepäckwagen verstauen zu können. Die Züge fahren täglich, jedoch ist mit Verspätungen und kleineren Pannen unterwegs durchaus zu rech-nen. Die **Tickets** sollte man einige Tage im Voraus buchen.

### Northern Explorer

*Der Northern Explorer legt eine Strecke von etwas mehr als 700 km zurück. Von Auckland nach Wellington benötigt er knapp 11 Stunden, dabei durchquert er fast die ganze Nordinsel. Die großen Panoramafenster ermöglichen einen Blick auf die wundervolle Landschaft der Insel, darunter auch das Vulkanplateau mit dem noch aktiven Mount Ruapehu, unglaubliche Flussläufe und Schluchten. Der Zug passiert die weltberühmte Raurimu Spiral, ein Meisterwerk der Ingenieur-technik, das mit einer spektakulären Streckenführung den Höhenunterschied von 636 Metern zwischen Raurimu und National Park überbrückt.*

### Coastal Pacific

*Die Strecke führt von Picton, dem Ankunftsort der Fähre, nach Christchurch, der größten Stadt der Südinsel. Die ca. 5-stündige Fahrt bietet ein wahres Fest für die Augen. Die Strecke schlängelt sich durch die atemberaubende Landschaft der Südinsel, wobei man in östlicher Richtung die Küste und den Pazifischen Ozean und in westlicher Richtung die Kaikura Bergkette bewundern kann. Auf der Route passiert der Zug 22 Tunnel und 175 Brücken.*

### TranzAlpine

*TranzAlpine ist eine der landschaftlich schönsten Eisenbahnstrecken der Welt. Die ca. 220 km lange Route führt von Christchurch nach Greymouth. Auf der et-wa 4 ½-stündigen Fahrt werden 16 Tunnel durch- und 5 Viadukte überquert, von denen das höchste 73 Meter hoch ist. Die Route führt von einer Küste der Südinsel zur anderen. Von Osten her durchquert man erst weite Ebenen und Farmland, gefolgt von den Schluchten des Waimakariri River, dann überquert der Zug die Southern Alps und fährt schließlich durch Regenwald bis nach Greymouth.*

KiwiRail Scenic Journeys bietet **Rail Passes** an. Man kann zwischen den Fixed Passes oder dem Freedom Pass wählen. Beide Passarten sind sowohl auf der Nord- als auch auf der Südinsel gültig sowie für die Überquerung der Cook Strait mit der Interislander Fähre. Die **Fixed Passes** gibt es für eine Gültigkeitsdauer von ein, zwei oder drei Wochen. In diesem Zeitraum kann man die Langstreckenzüge sowie die Fähre beliebig oft benutzen.

Der **Freedom Pass** ist ein Jahr gültig und beinhaltet eine Anzahl von Reisetagen, die beim Kauf des Passes festgelegt wird. Es können ab drei bis hin zu zehn Tagen erworben werden, die innerhalb der Gültigkeitsdauer des Passes flexibel nutzbar sind. In der Regel gibt es für Backpacker auch bei Kiwi-Rail Scenic Journeys **Rabatte** mit der BBH-, YHA- oder VIP-Karte.

> **Infos zu den Zügen**
> ■ *KiwiRail Scenic Journeys*
> *(www.kiwirailscenic.co.nz)*

## Mit der Fähre

Da Neuseeland aus mehreren **Inseln** besteht, bietet es sich an, ein Schiff zu benutzen, um von einer Insel auf die andere zu kommen. Die Fähren fahren mehrmals täglich von Wellington nach Picton. Der

☑ Interislander – hier im Hafen von Picton – verbindet Nord- und Südinsel

080ns Abb.: ctw

08·ns Abb. ctw

**Fährgesellschaften**

- www.interislander.co.nz
- www.bluebridge.co.nz
- www.stewartislandexperience. co.nz (von der Südinsel nach Stewart Island)
- www.fullers.co.nz (z. B. von Auckland nach Waiheke Island)
- www.sealink.co.nz (von Auckland nach Waiheke/Great Barrier Island)

größte Anbieter ist Interislander. Als Alternative gibt es noch Blue-bridge, die etwas günstiger sind, allerdings nicht ganz so oft fahren. Eine Überfahrt mit der Fähre dauert etwa drei Stunden.

Wer **mit dem Auto** reist, kann auf allen diesen Schiffen sein Fahrzeug mitnehmen, der entsprechende Platz auf der Fähre sollte allerdings im Voraus gebucht werden.

## Im Flugzeug

Die Überfahrt mit einer Fähre der Gesellschaft Interislander zwischen Nord- und Südinsel dauert ca. 3 Stunden

Wer es in Neuseeland besonders eilig hat, kann auch mit dem Flugzeug fliegen. Die Fluggesellschaft, die fast alle größeren und auch kleineren Orte anfliegt, ist Air New Zealand.

Für den Sprung über die Cook Strait gibt es auch eine kleinere Gesellschaft, die von Wellington nach Picton fliegt. In Neuseeland gibt es außerdem ein großes Angebot an Rundflügen oder Scenic Touren, die einen Flug beinhalten.

Für entsprechend günstige Angebote ist es zu empfehlen, sich vor Ort genau über die Preise und Konditionen zu informieren, da es meist für den gleichen Trip mehrere Anbieter gibt.

**Fluggesellschaften**

- *www.airnewzealand.co.nz*
- *www.jetstar.com*
- *www.barrierair.kiwi*
- *www.flymysky.co.nz*
- *www.mountainair.co.nz*
- *www.sunair.co.nz*
- *www.soundsair.com*

# Mit Tourenanbietern

Wem das Reisen mit Fernbus, Zug oder Flugzeug zu langweilig und unpersönlich ist, der sollte sich die Angebote der Tourenanbieter anschauen. Viele Reiseveranstalter haben ihre Programme speziell auf Backpacker ausgerichtet. Dementsprechend bestehen die **Reisegruppen** auch meist aus jungen (oder zumindest jung gebliebenen) Leuten. Infos zu diesen Touren findet man in Hostels (wo man meist gleich buchen kann), in Reisebüros, der Touristeninformation oder den Büros der Reiseveranstalter.

Bei den Touren gibt es alle möglichen **Varianten:** Halbtags oder ganztags, mehrere Tage bis hin zu Wochen lang kann man sich und nicht wenig Geld dem Reiseveranstalter anvertrauen. Einige Firmen werben gezielt mit kleinen Gruppen. Oft ist die Ver-

**Tourenanbieter**

*Internetadressen von einigen Reiseveranstaltern für einen ersten Einblick in diese Art des Reisens:*

- *www.kiwiexperience.com*
- *www.straytravel.com*
- *www.hakatours.com*
- *www.flyingkiwi.com*
- *www.absolutebus.co.nz*

pflegung im Preis inbegriffen. Geschlafen wird in Hostels, Hütten oder Zelten. Wer viele Infos möchte und viele Sehenswürdigkeiten in relativ kurzer Zeit sehen will, ist mit solchen Touren gut beraten.

Wer es gern ein bisschen individueller mag, aber trotzdem nichts verpassen will, sollte sich für sogenannte **On/Off-Touren** entscheiden. Dabei kann man auf einer gebuchten Route an diversen Orten aus- und später auch wieder einsteigen, solange man die gewünschten Stopps rechtzeitig der Telefonzentrale des Reiseveranstalters meldet. Die Routen führen an allen wichtigen Sehenswürdigkeiten entlang und die **Reiseleiter** *(tourguides)* kennen alles – von historischen Daten über die besten Bäcker und die schönsten Strände bis hin zu günstigen Einkaufsmöglichkeiten für das Abendessen.

Neben Kiwi Experience (dem größten Anbieter, der fast das ganze Land abdeckt) gibt es noch Stray Travel oder Flying Kiwi Adventure Tours. Des Weiteren gibt es etliche lokal operierende **Unternehmen** auf dem Markt. Je nach Anbieter kann man Pässe kaufen, Rundfahrten oder Teilstrecken buchen. Mit einer BBH-, YHA- oder VIP-Card bekommt man meistens Rabatt.

## Auto – kaufen oder mieten?

Mit einem eigenen Auto unterwegs zu sein, ist eine sehr beliebte Reiseart der Backpacker. Man ist **unabhängig** von Routen und Fahrplänen der öffentlichen Verkehrsmittel oder den festgelegten Abläufen der organisierten Touren. Wenn man für mehrere Monate (mind. 10 Wochen) im Auto reisen will, ist der Kauf eines Autos in der Regel günstiger als eines zu mieten. Praktisch, wenn man mit mehreren Leuten ein Auto und damit die laufenden Kosten teilen kann.

**Gebrauchtwagenmärkte und -auktionen**

- *Auckland Carfair (www.carfair.co.nz), Ellerslie Racecours, Main Gates: Green Lane East, Greenlane 1051, Tel. 09 5292233, jeden So. 9–12 Uhr*
- *B.C.W. Auckland City Car Fair (www.aucklandcity carfair.co.nz), 6 West St., Auckland Central, Tel. 021 932287, 09 8377817, Sa. 9–15 Uhr*
- *Auckland Car Market (www.backpackercarworld.com), 15–19 East Street, Tel. 09 3777761, tägl. 9–17 Uhr*
- *Backpackers Car Market Christchurch (www.back packercarschristchurch.co.nz), 33 Battersea Street, Tel. 03 3773177, Aug.–April tägl. 9.30–17 Uhr, Mai/ Juni/Juli Mo.–Sa. 9.30–17 Uhr*
- *Turners Car Auction (www.turners.co.nz)*
- *In den Gelben Seiten (www.yellowpages.co.nz) oder über Internetsuchmaschinen findet man Infos zu weiteren Automärkten und -auktionen.*

## Verkaufsangebote

Der neuseeländische **Gebrauchtwagenmarkt** ist rege. Oft kaufen sich Backpacker die Autos gegenseitig ab. Allerdings ist Vorsicht geboten. Viele dieser Autos sind 15–25 Jahre alt, schon mehrmals die Inseln rauf und runter gefahren und in mangelhaftem Zustand. Am sichersten ist, man lässt das Auto vor dem Kauf in einer Werkstatt durchchecken *(prepurchase test)*. Zumindest sollte man zum Verhandeln jemanden mitnehmen, der sich mit Autos etwas auskennt. Eine Probefahrt ist ein Muss.

Viele **Angebote** hängen an den schwarzen Brettern aus. In den großen Städten Auckland und Christchurch, wo viele Backpacker an- und abreisen, gibt es

**Anzeigen im Internet**

- *www.trademe.co.nz/motors*
- *www.autotrader.co.nz*
- *www.finda.co.nz*
- *www.autobase.co.nz*
- *www.bbh.co.nz (→ Notice Boards)*

## Auto – kaufen oder mieten?

Gebrauchtwagenmärkte speziell für Backpacker. In den lokalen Tageszeitungen erscheint der Kfz-Markt sonnabends. Auch lohnt ein Blick in Automagazine.

Wem der Kauf von privat zu heikel ist, der sollte sich an einen **Autohändler** wenden. Es gibt welche, die sich auf Backpacker spezialisiert haben. Autohändler verlangen zwar mehr Geld, bieten in der Regel aber eine Garantie auf bestimmte Fahrzeugteile und eine Rückkaufgarantie *(BuyBack-Deal)*. Die Zeit, die man ansonsten in den Wiederverkauf des Autos investieren müsste, darf man nicht unterschätzen. Allerdings sollte man nur mit lizenzierten Autohändlern *(licensed car dealers)* Geschäfte machen, sich immer alles schriftlich geben lassen und den Vertrag genau lesen.

**Gebrauchtwagenhändler mit Extraservice**

- *Kiwi Cruise Control (Flughafenabholung, erste Fahrübungen im Linksverkehr, Hilfe bei Formalitäten, Rückkauf-Option – und das alles auch auf Deutsch),* Tel. +64 9 2985822, www.kiwicruisecontrol.de

**TIPP**

**Automobilclub**

*Eine Mitgliedschaft in der New Zealand Automobile Association lohnt in jedem Fall. Neben zahlreichen kostenlosen Infomaterialien erhält man Beratung und gute Angebote zu Themen wie Autokauf, lokale Vorschriften und Versicherungen und natürlich auch praktische Hilfe bei technischen Problemen. Gegen eine Gebühr von ca. 169 $ bzw. 149 $ für Mitglieder kann man ein Fahrzeug vor dem Kauf auch durchchecken lassen.*

- *www.aa.co.nz*

## Auto kaufen

Beliebte **Fahrzeugmarken** für Backpacker sind Ford Falcons und Holden Commodores, aber auch VW-Busse. Praktisch sind sie vor allem, weil man in ihnen auch schlafen kann. Auch japanische Marken wie Toyota, Subaru, Mitsubishi und Nissan sind sehr gängig. (Mit Autos dieser Marken hat man in Bezug auf Werkstätten und Ersatzteile wenig Probleme.) Will man einen relativ zuverlässigen und ordentlich ausgestatteten Pkw

erwerben, sollte man als **Preis** mindestens 2500 $ einplanen. Bei billigeren Fahrzeugen ist der Ärger meist schon vorprogrammiert und man zahlt spätestens bei den Reparaturen drauf. Entscheidet man sich für einen Wagen mit Allradantrieb *(4WD – four wheel drive)*, muss man mit mindestens 3500 $ rechnen.

Als Ausländer in Neuseeland ein Auto zu kaufen, ist kein Problem. Man muss seinen Führerschein und den Reisepass vorweisen.

Das Fahrzeug muss vom Vorbesitzer **auf den Käufer umgemeldet** werden *(Change of Ownership)*. Für diese Formalität, die auf der Post von Käufer und Verkäufer gemeinsam gegen eine Gebühr von ungefähr 10 $ erledigt wird, braucht man eine neuseeländische Postadresse, an die die Fahrzeugpapiere gesendet werden. An die Ummeldung sollte man auch unbedingt denken, wenn man das Auto wieder verkauft, denn alle Verstöße gehen zu

◁ Der kreativ und liebevoll gestaltete Van eines Backpackers

## Auto – kaufen oder mieten?

**Websites rund ums Thema Auto**

- *New Zealand Transport Agency bietet unter www.nzta.govt.nz/vehicle umfangreiche Infos und Tipps zum Thema Autokauf. Außerdem findet man auf der Website Informationen zu den neuseeländischen Verkehrsregeln.*
- *VTNZ, Vehicle Testing New Zealand, www.vtnz.co.nz, führen neuseelandweit Autoinspektionen durch (pre-purchase test, WoF usw.).*
- *Travellers Car Insurance, www.travellerscarinsurance.co.nz, Autoversicherung speziell für Neuseelandreisende*
- *BBH, Budget Backpacker Hostels New Zealand, www.bbh.co.nz, mit einer Liste der Hostels, die Third Party Vehicle Insurance vertreiben (kann auch online abgeschlossen werden)*
- *Car Inspection Services, www.carinspections.co.nz (Auckland, Wellington), Autoinspektionen am Standort des Fahrzeuges*

Lasten des offiziellen Besitzers des Fahrzeugs. Am besten man checkt vor dem Kauf, ob das Auto „schuldenfrei" ist und keine schlimme „Vorgeschichte" hat. Das kann man online erledigen, z. B. unter www.motorweb.co.nz oder http://checka.co.nz. Nach Angabe des Autokennzeichens erhält man *history check* und *vehicle report*.

Das Auto muss eine gültige **Registrierung** (*vehicle licence,* auch *rego* genannt) haben. Diese, eine Art Nutzungserlaubnis für den Straßenverkehr, kann man z. B. bei einer Poststelle oder der Automobil Association (AA) verlängern (für einen Zeitraum zwischen 3 und 12 Monaten). Man erhält eine kleine Karte, die hinter der Windschutzscheibe platziert wird. Die Registrierung kostet ca. 220–340 $ (je nach Auto und Kraftstoff) für 12 Monate.

Wer einen Diesel kauft, muss zusätzlich noch die **Road User Charge** (RUC) bezahlen. Auch diese Formalität kann u. a. auf einer Poststelle oder bei der Automobile Association geklärt werden.

Außerdem braucht man eine gültige **Warrant of Fitness** (WoF) für das Fahrzeug. Dies ist eine Sicher-

heitsprüfung ähnlich dem deutschen TÜV, die in regelmäßigen Abständen von Autowerkstätten oder
VTNZ (Vehicle Testing New Zealand) durchgeführt
werden muss (Kosten ca. 50 $). Wann die nächste
WoF fällig ist, sieht man auf der Plakette, die an der
Windschutzscheibe anzubringen ist. Fahrzeuge, die
nicht älter als 6 Jahre sind, müssen nach 12 Monaten zum nächsten Check, alle anderen nach 6 Monaten.

Personenschäden sind in Neuseeland durch
ein **staatliches Unfallversicherungssystem** (ACC,
www.acc.co.nz) automatisch versichert, ohne dass
man dafür extra etwas zahlen muss. Sachschäden
müssen separat versichert werden. Dafür bietet sich
zum Beispiel eine Police der Firma Travellers Car Insurance (www.travellerscarinsurance.co.nz) an. Die
online angebotenen **Versicherungen** (Third Party
Insurance, aber auch Absicherung gegen Diebstahl
möglich) sind speziell für Neuseelandreisende konzipiert und können für einen Zeitraum von 3, 6, 9
oder 12 Monaten abgeschlossen werden. Auf der
Website finden sich auch noch weitere hilfreiche
Informationen zum Thema Autokauf. Auch über
BBH-Hostels kann man eine Third Party Vehicle
Insurance abschließen. Man kann zwischen einer
Laufzeit von 3, 6, 9 oder 12 Monaten wählen. Die
Versicherungssumme für Schäden am Eigentum
Dritter beträgt 1 Million, zusätzlich kann man sich
noch gegen Feuer und Diebstahl versichern. Der
Preis für die Police richtet sich nach der Laufzeit
und dem Alter des Versicherungsnehmers. Je jünger
man ist, desto teurer ist der Beitrag und desto höher
die Selbstbeteiligung.

Auch die Automobile Association bietet Versicherungen an (www.aa.co.nz/insurance), die höhere
Deckungssummen als die oben genannten Angebote beinhalten und zum Teil auch Schäden am eigenen Fahrzeug erstatten.

**Auto – kaufen oder mieten?**

008 3ns Abb.: ctv

▵ Die Firma Jucy Rentals vermietet auch an junge Backpacker

## Auto mieten

Wenn man nur für einige Tage oder Wochen einen fahrbaren Untersatz braucht, ist man mit dem Mieten eines Autos gut beraten. Mit ein paar Passagieren werden solche Ausflüge sogar zur **preiswerten Alternative** zu öffentlichen Verkehrsmitteln und Tourbuchungen.

In Neuseeland gibt es die üblichen, großen Autovermietungen und lokale, meist etwas billigere **Anbieter.** Ob billig auch besser ist, kann man nur durch Vergleichen der Angebote und Konditionen herausfinden. Oft locken die Vermieter mit **Sonderaktionen.** Normale Mietwagen, Campervans, 4WDs – alles geht, aber nicht überall. Die meisten Firmen erlauben mit normalen Mietwagen kein Befahren unbefestigter Straßen. Dafür muss man dann einen **4WD** mieten. *One-way rental*, d.h. das Mietauto an einem anderen Ort als dem Ausgangspunkt abgeben, bieten nicht alle Vermietungen an.

Nicht alle Autovermieter vermieten an 18-Jährige, oft muss man bereits 21 Jahre alt sein, bis zu einem **Alter** von 25 Jahren ist mit einer höheren Versicherung oder Restriktionen bei der Autogröße zu rechnen. Wichtig ist die **Versicherung.** Meist ist die Selbstbeteiligung hoch. Fahrten bei Nacht, auf Sand- und Schotterpisten bzw. typische Schäden, die dabei passieren können, sind z. T. nicht versichert. Das gilt z. B. für Schäden an Unterboden oder Windschutzscheibe. Bei Beantragung der Versicherung müssen alle möglichen Fahrer angegeben werden, sonst erlischt der Versicherungsschutz.

**Vermietung für Leute ab 18 Jahren**
- *www.jucy.co.nz*
- *www.mightycampers.co.nz*
- *www.escaperentals.co.nz*

# Autofahren in Neuseeland

In Neuseeland herrscht, wie in Großbritannien, Australien und einigen anderen Ländern, **Linksverkehr.** Daran sollte man sich vor allem in den ersten Tagen immer wieder erinnern.

Wie auch bei uns ist es Pflicht, sich sowohl vorne als auch hinten im Auto anzuschnallen. Das Telefonieren mit dem Handy oder Schreiben von SMS während der Fahrt ist für den Fahrer verboten, es sei denn, man verfügt über eine Freisprechanlage. Für Fahrer unter 20 Jahren ist Alkohol am Steuer nicht gestattet, ist man älter als 20, liegt die Promillegrenze bei 0,5. Generell sollte aber selbstverständlich sein, das Alkohol und Drogen am Steuer tabu sind.

In die größeren Städte hinein und heraus führen die mehrspurigen **Motorways,** die mit einer Autobahn vergleichbar sind. Die Motorways sind jeweils nur einige Kilometer lang. Sie gehen dann in zweispurige **Highways** über, die das ganze Land verbinden, mit gelegentlicher Überholspur an Steigungen.

Generell sollte zum Überholen idealerweise immer eine Überholspur benutzt werden. Ansonsten ist darauf zu achten, dass man auf keinen Fall überholt, wenn eine durchgezogene gelbe Linie auf der eigenen Seite der Mittelmarkierung ein Überholmanöver als zu gefährlich signalisiert.

Die Geschwindigkeitsbegrenzung für die Motorways und Highways liegt in ganz Neuseeland – soweit nicht anders ausgeschildert – bei 100 km/h und in geschlossenen Ortschaften – soweit nicht anders signalisiert – bei 50 km/h. Die Highways können sehr unterschiedlich beschaffen sein. Die Möglichkeiten reichen von breiten asphaltierten Straßen bis zu schmalen kurvigen **Schotterpisten.** Auf diesen Schotterstraßen ist es ratsam, nicht schneller als 40–50 km/h zu fahren. Bei herannahendem Gegenverkehr sollte man sogar noch langsamer fahren, da der aufwirbelnde Staub die Sicht einschränken kann und herumfliegende Steinchen die Windschutzscheibe beschädigen können.

Da Neuseeland ein sehr hügeliges Land ist, in dem es nur wenige Tunnel gibt, ist die Streckenführung immer sehr **kurvenreich,** sodass vorsichtiges, langsames Fahren besonders wichtig ist. In einigen Kurven gibt es Geschwindigkeitsempfehlungen, die auch eingehalten werden sollten. Besonders in ländlichen Gegenden kann es vorkommen, dass Rinder- oder Schafherden die Straße blockieren. In so einer Situation sollte man auf keinen Fall hupen, da das die Tiere aufschrecken könnte, sondern sehr langsam fahren bzw. anhalten, bis die Herde den Weg freigibt. Falls ein Farmer oder Schäfer in der Nähe ist, sollte man seine Anweisungen befolgen.

Im Winter können einige Strecken, vor allem auf der Südinsel, aufgrund der **Witterungsverhältnisse** gesperrt sein oder es herrscht Schneekettenpflicht.

☐ Achtung: In Neuseeland herrscht Linksverkehr!

Die Reisezeit von einem Ort zum anderen sollte in Neuseeland auf keinen Fall unterschätzt werden.

084rs Abb.: ctw

Obwohl die Entfernungen recht kurz erscheinen mögen, so muss man auf jeden Fall die Beschaffenheit der Straßen, kurvenreiche Streckenführung, Höhenunterschiede und Witterungsverhältnisse mit einberechnen.

Eine Besonderheit von Neuseelands Straßen sind die **zahlreichen Brücken,** die nur einspurig sind. Hierbei muss man besonders auf Gegenverkehr achten, denn die Brücken sind wirklich nur so breit, dass ein Auto Platz hat. Normalerweise ist das Vorfahrtsrecht durch ein Schild vor der Brücke geregelt. Je nach Brückenlänge und Verkehrslage kann es dadurch zu kurzen Wartezeiten kommen. Einige dieser speziellen Brücken haben noch zusätzliche Besonderheiten. So gibt es auf der Südinsel nördlich von Haast die längste einspurige Brücke der Welt. Da sie so lang ist und man unter Umständen nicht sehen kann, ob ein Auto auf der anderen Seite auf die Brücke fährt, gibt es unterwegs mehrere Ausweichbuchten. In Greymouth teilt man sich die einspurige Brücke nicht nur mit dem **Gegenverkehr,** sondern auch noch mit dem TranzAlpine, der einmal täglich von Christchurch nach Greymouth und zurück fährt. Hier ist also besondere Vorsicht geboten. Der Zug hat immer Vorfahrt!

Auf der Südinsel auf dem Weg von Westport nach Nelson gibt es eine Stelle, an der die Straße um eine Klippe führt. Auch hier hat es nur für eine Spur gereicht. Ein Spiegel in der Kurve lässt einen erahnen, ob Gegenverkehr naht oder nicht.

Da die Entfernungen zwischen den Orten nicht extrem groß sind, gibt es genügend Möglichkeiten zum **Tanken.** Dass man vor längeren Touren in Nationalparkgebieten noch einmal voll tankt, sollte klar sein, ansonsten gelten die gleichen Regeln wie überall. In den größeren Ortschaften sind Benzin und Diesel günstiger als an kleineren Tankstellen in der „Pampa".

## Mitfahren

Trampen ist in Neuseeland in der Regel kein Problem. Wenn man nicht von einem der zahlreichen Backpacker am Straßenrand aufgesammelt wird, so findet sich garantiert ein netter Kiwi, der einem unter Umständen gleich noch ein Quartier für die Nacht anbietet. Trotzdem sollte man natürlich vorsichtig sein. Eine etwas sicherere Art wäre, die schwarzen Bretter in Hostels zu nutzen, um Mitfahrgelegenheiten anzubieten oder zu suchen. Dies gibt einem die Möglichkeit seinen Fahrer oder Mitfahrer erst einmal kennenzulernen, bevor man beschließt mit ihm zu fahren.

**Mitfahrgelegenheiten übers Internet**

- *www.carpoolnz.org*
- *www.letscarpool.govt.nz*
- *www.jayride.co.nz*
- *www.nationalcarshare.co.nz*

## Wandern

In den zahlreichen **Nationalparks** und rund um die Touristenattraktionen gibt es viele schöne und meist gut ausgeschilderte Wanderwege. In fast jedem Ort gibt es ein Büro des Department of Conservation (DOC) oder ein Informationszentrum, wo man Broschüren mit **Wanderroutenvorschlägen,** Informationen zu Tier- und Pflanzenwelt sowie zu Übernachtungsmöglichkeiten erhalten und nützliche Kleinigkeiten kaufen kann. Beim Wandern, vor allem bei heißen Temperaturen, muss auf die Mitnahme von ausreichend **Wasser** geachtet werden. Das Tragen einer **Kopfbedeckung** und das Eincremen mit **Sonnenschutz** sind selbstverständlich, genauso wie das Tragen von gut eingelaufenen, knöchelhohen **Wanderschuhen.** Des Weiteren sollte an Insektenschutzmittel und regenfeste Kleidung gedacht werden. Eine leichte, atmungsak-

### Tongariro Northern Circuit

*Einer der Great Walks (s. S. 162) ist der Tongariro Northern Circuit im Tongariro National Park im Herzen der Nordinsel. Der Track windet sich in vulka-nischer Landschaft um den Mt. Ngauruhoe und über den Mt. Tongariro. Verschieden lange Wanderungen können auf der Strecke gemacht werden, von Tageswanderungen bis hin zu Walks über drei bis vier Tage. Die beste Wanderzeit ist im Sommer von Dezember bis März. Im Winter ist der Track mit Schnee und Eis bedeckt und erfordert somit extra Ausrüstung wie Eispickel und Schneeschuhe. Zu dieser Zeit ist der Walk nur für erfahrene Alpinisten zu empfehlen.*

### Abel Tasman Coast Track

*Der Abel Tasman Coast Track führt durch eine Region, die als die wärmste Neuseelands gilt. Es geht 51 km über die nördlichen Strände der Südinsel. Eine Besonderheit des Tracks ist, dass einige Stellen nur bei Ebbe passiert werden können. Für den gesamten Track benötigt man im Durchschnitt drei bis fünf Tage. Übernachtungen sind kostenpflichtig in Hütten oder auf Campingplätzen möglich. Wer nur einen Teil des Weges begehen möchte, kann sich mit Booten zu bestimmten Stränden bringen bzw. auch wieder abholen lassen.*

### Milford Track

*53,5 km führt der Milford Track durch den Fiordland National Park im Süden Neuseelands. Die recht hügelige Streckenführung erfordert einen gewissen Grad an Fitness, außerdem kann der Walk nur organisiert begangen werden. Beginnend in Te Anau, endend in Milford Sound muss der Transport hin und zurück bedacht werden. Es gibt viele Tourenanbieter, die ein entsprechendes Paket anbieten, vorausgesetzt der Track wird in vier Tagen gelaufen. Ein Platz auf dem Walk muss vorreserviert und die Onlinereservierungsbestätigung dann im DOC Visitor Centre von Te Anau in einen Great Walks Hut Pass umgetauscht werden.*

### Te Araroa – New Zealand's Trail

*Der 3000 km lange Wanderpfad schlängelt sich vom nördlichen Cape Reinga bis nach Bluff im Süden einmal ganz durch Neuseeland. Er zählt zu den längsten Wanderrouten der Welt und bietet unterwegs beeindruckende, ganz verschiedenartige Naturerlebnisse. Man kann auch einzelne Etappen wandern. www.teararoa.org.nz*

112ns Abb. me

⌂ Bei einer Wanderung sollte man die richtige Ausrüstung mit sich führen

tive Regenjacke, eine Regenhose sowie ein wasserdichter Schutz für den Rucksack sollten im Gepäck sein. Wer in den Wintermonaten wandern möchte, sollte in einigen Regionen an winterfeste Kleidung und eventuell Equipment wie Eispickel und Schneeschuhe denken.

Einige der **Wanderwege** sind vom DOC als **Great Walks** ausgezeichnet worden. Diese Walks sind sehr attraktiv und beliebt. Darum ist es unbedingt notwendig, alle Great Walks im Voraus zu buchen, entweder über die Website des DOC oder in einem DOC Visitor Centre. Darüber hinaus sollten auch die Hütten und Campingplätze der Great Walks vorreserviert werden, eine Übernachtung kostet hier pro Nacht ab 22 $ aufwärts (s. S. 137).

■ *Department of Conservation*, www.doc.govt.nz
■ *New Zealand Tramper*, www.tramper.co.nz
  *(Wander-Community)*

# Mit dem Fahrrad

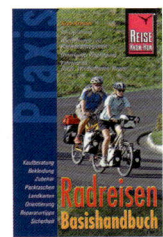

Wer mehr Zeit hat und Neuseeland mit etwas anderen Augen sehen möchte, ist gut beraten, mit dem Fahrrad zu fahren. Als Fahrradfahrer kann auf allen Straßen außer den Motorways gefahren werden. Die meisten Straßen haben einen **Seitenstreifen**, den man sicher benutzen kann. Schweres Gepäck wie Campingausrüstung ist nicht zwingend notwendig, da die Hostels so dicht gesät sind, dass man ohne Probleme und auch als untrainierter Hobbyfahrer die Distanz von einem Hostel zum nächsten an einem Tag schafft.

Wer nur an kürzeren Touren interessiert ist, kann sich einfach ein Fahrrad **vor Ort mieten.** Viele Geschäfte, vor allem in touristisch orientierten Städten bieten so einen Service an.

Wer in Neuseeland ein **Fahrrad kaufen** möchte, hat die Möglichkeit, einen **Buy Back Deal** abzuschließen, das heißt, dass das Fahrradgeschäft das Rad nach Beendigung der Tour garantiert wieder zurückkauft. Einige Läden bieten einen fixen Preis, den sie zahlen werden, wenn das Rad innerhalb eines bestimmten Zeitraums wieder zurückgebracht wird. Wer sein Fahrrad später zurückverkaufen möchte, muss sich auf Verhandlungen mit dem Geschäft einlassen. Praktisch ist es allerdings, wenn es sich dabei um eine Geschäftskette handelt, die im ganzen Land Filialen hat. So ist man nicht unbedingt darauf angewiesen, einen Rundkurs zu fahren, sondern kann sein Fahrrad zum Beispiel im Norden kaufen und im Süden wieder loswerden. Es gibt aber auch eine Anzahl von Secondhand-Fahrradläden, wo man günstig gebrauchte, aber

**Literaturtipp**

*„Radreisen Basishandbuch"* *von Sven Bremer,* REISE KNOW-HOW *Verlag, Bielefeld. Das ideale Handbuch für kurze und längere Fahrradtouren: Fahrradtechnik, Ausrüstung, Fahrtechnik, Packlisten, praktische Tipps und vieles mehr.*

**TIPP**

**Pedallers' Paradise**

*Pedallers' Paradise ist ein Guide für Fahrradfahrer. Das Heft gibt es für die Nord- und die Südinsel. Neben allen gängigen Strecken mit Distanzen und Höhenprofilen sind auch andere wichtige Informationen wie Hostels und Fahrradgeschäfte vermerkt.*

■ *www.paradise-press.co.nz*

**Mit dem Fahrrad**

### Fahrradinfos und -verleih

- *www.naturalhigh.co.nz (Auckland, Christchurch)*
- *www.cyclehire-tours.co.nz (Christchurch)*
- *www.nzcycletours.com (Auckland und Südinsel)*
- *www.vertigobikes.co.nz (Queenstown)*
- *www.mudcycles.co.nz (Wellington)*
- *www.cycleauckland.co.nz (Auckland)*

gute, zuverlässige Fahrräder erwerben kann und auch hier kann man versuchen, sie wieder an das Geschäft zurückzuverkaufen.

Wer sein **eigenes Fahrrad** mit nach Neuseeland nehmen möchte, kann dies grundsätzlich tun. Hierfür muss das Fahrrad entweder in einer Kartonbox verpackt werden oder zumindest der Lenker um 90° gedreht und die Pedale abgeschraubt werden. Viele Fluggesellschaften verlangen für den Transport einen Aufpreis. Es ist auf jeden Fall ratsam, sich vorher bei seinem Flugunternehmen zu informieren.

Wichtig: In Neuseeland besteht für alle Fahrradfahrer **Helmpflicht.**

086ns Abb. dt. © Andrew Grant – Dreamstime.com

## Great Rides

*In Neuseeland gibt es über 20 Great Rides, die sowohl erfahrenen Radfahrern und Mountainbikern als auch Hobbyfahrern und Familienausflüglern auf einfache und sichere Weise die Möglichkeit geben, die Schönheit Neuseelands auf Tages- oder Mehrtagestouren zu entdecken. Zurzeit sind einige der Routen nur teilweise geöffnet, andere sind allerdings schon komplett befahrbar, darunter der „St. James Trail" auf der Südinsel sowie der „Waikato River Trail" und der „Mountains to Sea Trail" auf der Nordinsel.*

### St. James Trail

*Der St. James Trail ist ein 64 km langer Rundkurs, der durch die wunderschöne Gebirgslandschaft von North Canterbury in der Nähe von Hammer Springs führt. Der Track empfiehlt sich für erfahrene Mountainbiker, je nach Fitness kann man ihn an einem oder zwei Tagen bewältigen. Die beste und attraktivste Zeit für den Ride ist im Spätfrühling, da zu dieser Jahreszeit die Gebirgspflanzen blühen. Er ist aber auch im Sommer und bis in den Herbst hinein empfehlenswert.*

### Waikato River Trail

*Der 103 km lange Waikato River Trail führt den Mountainbiker durch das Herz der Nordinsel, vorbei an faszinierenden Vulkansteinformationen, durch einheimischen Busch und offenes Gelände, das einem den Blick auf wunderschöne Seen und Flüsse freigibt. Je nach Fitness kann der Track in ein bis vier Tagen bewältigt werden. Die beste Zeit für den Ride ist von September bis Mai.*

### Mountains to Sea Trail

*Dieser 317 km lange Ride beginnt am Fuße des mächtigen Vulkans Mt. Ruapehu und führt durch die beiden atemberaubenden Nationalparks Whanganui National Park und Tongariro National Park bis hin zur Küste in Whanganui. Auch für diesen Track empfiehlt es sich, vorab schon Erfahrungen im Mountainbiking gesammelt zu haben. Um die gesamte Strecke zu fahren, sollte man je nach Fitness vier bis sechs Tage ansetzen. Ansonsten ist es auch möglich, lediglich einzelne Segmente des Tracks zu absolvieren. Der Mountains to Sea Trail kann das ganze Jahr über befahren werden, wobei die beste Zeit für den Ride im Herbst ist.*

**Weitere Infos gibt es unter www.nzcycletrail.com und nzbybike.com.**

# Anhang

◁ Der Farn ist ein Nationalsymbol Neuseelands
(110ns Abb.: me)

# Internetseiten

### Offizielles

- **www.newzealand.com.** Die offizielle Site von Tourism New Zealand, die zahlreiche Fakten über Neuseeland sowie Reisetipps liefert. Anzeige auch auf Deutsch möglich.
- **www.customs.govt.nz** (➡ coming into NZ ➡ On your arrival ➡ Quarantine procedures). Hier gibt es Infos zu Einreise- und Einfuhrbestimmungen. Die Neuseeländer haben strenge Vorschriften, was das Mitbringen von verschiedenen Produkten (Lebensmittel, Tierprodukte) betrifft.

### Allgemeines

- **www.neuseelandfuerdeutsche.com.** Die Mitglieder des Redaktionsteams bezeichnen sich als junge deutsche Weltreisende, leben in Neuseeland und kennen sich mit Land und Leuten bestens aus. Ihr Wissen, ihre Erfahrugen und Jobangebote teilen sie mit den Nutzern ihrer Website.
- **www.work-travel-nz.com.** Die nach Neuseeland ausgewanderte Deutsche Meike Guenther bietet sowohl auf ihrer Website als auch auf Facebook vielfältige Infos für Working Holiday Maker.
- **www.auslandsjob.de.** Auf dem Infoportal zum Thema Work and Travel kann man u. a. testen, welcher Reisetyp man ist, und somit herausfinden, ob man evtl. eher über eine Organisation buchen sollte oder den Trip selbst organisieren kann. Viele Tipps zur Planung und Infos zu Neuseeland.
- **www.working-holiday-visum.de.** Das Projekt der Initiative auslandszeit bietet zahlreiche Infos und Hilfestellungen rund um *das* Visum.
- **www.jasons.co.nz.** Englischsprachige Website mit nützlichen Informationen zu den Themen Unterkunft, Freizeit, Attraktionen, Transport und Reiseziele in Neuseeland.

- **www.reise-forum.weltreiseforum.de.** Im Weltreiseforum gibt es „Welt-Reise-Hilfe auf Gegenseitigkeit", allgemeine Infos, aber auch ein spezielles Neuseeland-Forum.
- **blog.workntravel.info.** Reiseblog mit vielen Infos zum Thema Work and Travel und Backpacking sowie allgemeinen Tipps zur Reisevorbereitung.
- **www.neuseeland-news.com.** Travel & Lifestyle ist das Motto der Website, die Infos zum Reisen und Leben in Neuseeland bietet. Die Macher veröffentlichen aller zwei Monate eine in Neuseeland erhältliche kostenlose deutschsprachige Ausgabe der NeuseelandNews.
- **www.neuseelandhaus.de.** Hier gibt es einen Shop für neuseeländische Produkte, ein Forum und einen Newsletterservice.
- **www.backpackerboard.co.nz.** Englischsprachige Websites speziell für Backpacker in Neuseeland mit zahlreichen Infos zu Unterkunft, Transport und Jobs. Interessant ist vor allem auch das Notice Board (Notices), wo Backpacker z. B. ihre Autos zum Kauf anbieten.
- **www.fourcorners.co.nz.** Sehr umfangreiches und informatives Online-Portal rund ums Reisen in Neuseeland (auf Englisch).
- **www.teara.govt.nz.** Te Ara – The Encyclopedia of New Zealand. Auf dieser Website entsteht eine umfassende Sammlung an Informationen über Neuseeland und seine Bewohner, die natürliche Umwelt, Geschichte, Wirtschaft, über Institutionen und die neuseeländische Gesellschaft.

### Verzeichnisse und Suchmaschinen
- www.**yellow**.co.nz
- www.**whitepages**.co.nz
- www.**searchnz**.co.nz
- www.**eventfinda**.co.nz
- www.**nzs**.com

# Apps

- **CamperMate.** Die App informiert beim Reisen durch Neuseeland über praktische Einrichtungen wie öffentliche Toiletten, Campingplätze und Hostels, Tankstellen, kostenlose Hotspots, Supermärkte usw. (gratis für iOS und Android).
- **Official Camping NZ.** Diese App, die alle Campingmöglichkeiten Neuseelands (kostenlose und kostenpflichtige) aufführt, kann nach dem Herunterladen der Karten auch offline genutzt werden (gratis für iOS und Android).
- **YHA Travel App.** Mit der App kann man nicht nur sein Bett im nächsten Hostel buchen, sondern auch den nächsten Supermarkt, die nächste Tankstelle oder einen WLAN-Hotspot finden (gratis für iOS und Android).
- **stuff.co.nz.** Die neuesten Nachrichten aus Neuseeland vom größten inländischen Online-Nachrichtenanbieter kann man hier in Wort und Bild verfolgen (gratis für iOS und Android).
- **Nest Finder NZ.** Hier gibt es Infos zu Übernachtungsmöglichkeiten (DOC Huts, Campingplätze, Hostels) inkl. der Integration der Buchungssysteme von DOC und Jugendherbergen, sodass man gleich die Verfügbarkeit prüfen und buchen kann (gratis für Android bzw. 3,99 € als Pro-Version).
- **FMG Rural Weather App/MetService.** Zwei Apps von Metservice, dem neuseeländischen Wetterdienst, die über die aktuelle Wetterlage und die Vorhersage in ländlichen Gegenden/in Städten informieren (gratis für iOS und Android).
- **AA Roadservice.** Mit der App der Automobile Association kann man unkompliziert Hilfe rufen, wenn das Auto streikt. Außerdem gibt es hilfreiche Infos für den Alltag, z. B. den Standort der nächsten Tankstelle. Gratis unter www.aa.co.nz (➙ Membership ➙ Breakdown assistance).

■ **Essential New Zealand Travel Guide.** Tourism New Zealand hat diese App erstellt, die man auch offline nutzen kann. Nützliche Reisetipps, schöne Fotos, Kontaktdetails, Kartenmaterial u. v. m. wird hier geboten (gratis für iOS und Android).

## Literaturtipps

■ Witi Ihamaera: **Whalerider,** Rowohlt. An Aufmerksamkeit gewonnen hat die Geschichte des Maori-Mädchens Paikea durch den Film „Whale Rider". Sehr einfühlsam beschäftigt sich der Stoff mit den Traditionen und dem Stolz der neuseeländischen Ureinwohner.

■ Keri Hulme: **Unter dem Tagmond,** Fischer. Der Roman setzt sich mit den gesellschaftlichen Problemen Neuseelands – nationale Identität, Wiederbelebung und Integration der Maorikultur sowie die Ausbeutung des Landes – auseinander.

■ Alexandra Albert: **Neuseeland Auswanderer-Handbuch,** REISE KNOW-HOW. Der Auswanderungsprozess von den ersten Überlegungen bis zum Sesshaftwerden in der neuen Heimat wird in diesem Ratgeber mit zahlreichen Tipps vorgestellt.

■ Alexandra und Peter Albert: **Neuseeland Outdoor-Handbuch,** REISE KNOW-HOW. Das Buch enthält Infos zur selbstständigen Organisation der zahlreichen möglichen Outdoor-Erlebnisse.

■ **360° Neuseeland.** Das Reisemagazin, das alle drei Monate erscheint, bietet interessante Texte und schöne Bilder, ebenso die Website der Redaktion (www.360grad-neuseeland.de).

■ Anke Richter: **Was scheren mich die Schafe: Unter Neuseeländern. Eine Verwandlung.** In diesem Erfahrungsbericht der Journalistin erfährt man sehr viel über das Leben in Neuseeland, die Neuseeländer – und die Deutschen.

# Das komplette Programm zum Reisen und Entdecken von
# REISE KNOW-HOW

- **Reiseführer** – alle praktischen Reisetipps von kompetenten Landeskennern
- **CityTrip** – kompakte Informationen für Städtekurztrips
- **CityTrip**PLUS – umfangreiche Informationen für ausgedehnte Städtetouren
- **InselTrip** – kompakte Informationen für den Kurztrip auf beliebte Urlaubsinseln
- **Wohnmobil-Tourguides** – alle praktischen Reisetipps für Wohnmobil-Reisende
- **Wanderführer** – exakte Tourenbeschreibungen mit Karten und Anforderungsprofilen
- **KulturSchock** – Orientierungshilfe im Reisealltag
- **Kauderwelsch Sprachführer** – vermitteln schnell und einfach die Landessprache
- **Kauderwelsch plus** – Sprachführer mit umfangreichem Wörterbuch
- **world mapping project**™ – aktuelle Landkarten, wasserfest und unzerreißbar
- **Edition REISE KNOW-HOW** – Geschichten, Reportagen und Abenteuerberichte

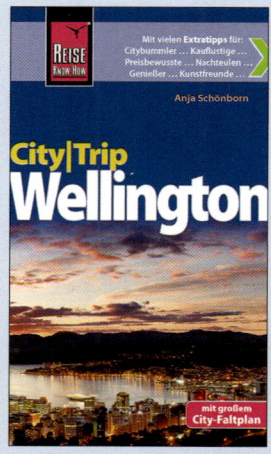

# Register

## Die Autorinnen

**Andrea Buchspieß** (Foto links), geboren 1974 in Leipzig, zieht es oft in die weite Welt. Sei es, um zu reisen, zu studieren oder zu jobben. Ihr liebstes Hobby hat sie zum Beruf gemacht – sie arbeitet in der Reisebuchbranche. Aufgrund des Interesses an ihrem Buch „Australien – Reisen und Jobben" entstand die Idee zu diesem Neuseeland-Titel. Dafür holte sie sich als Neuseeland-Expertin Johanna Kommer ins Boot, die schon an dem Buch „Schatzinsel Neuseeland" mitwirkte.

Seit **Johanna Kommer** (Foto rechts), geboren 1982 in Ludwigsburg, vom Reisefieber gepackt wurde, jobbte sie im Jahr 2000 für sieben Monate in England, reiste 2001 durch die USA und verbrachte schließlich von 2003 bis 2004 ein Jahr in Neuseeland und Australien. Dort führte sie das typische Leben eines Backpackers, wobei sie in Neuseeland viele Erfahrungen bei der Jobsuche und ihren verschiedenen Tätigkeiten sammelte. Heute schreibt sie in ihrem Reiseblog blog.workntravel.info über Backpacking, Work and Travel und alles was sonst noch mit Reisen zu tun hat.